中华人民共和国法律释义丛书

中华人民共和国民法典
继承编释义

黄薇/主编

法律出版社
LAW PRESS · CHINA

图书在版编目(CIP)数据

中华人民共和国民法典继承编释义 / 黄薇主编. -- 北京 : 法律出版社, 2020(2020.12 重印)
(中华人民共和国法律释义丛书)
ISBN 978-7-5197-4553-0

Ⅰ. ①中… Ⅱ. ①黄… Ⅲ. ①继承法-法律解释-中国 Ⅳ. ①D923.55

中国版本图书馆 CIP 数据核字(2020)第 082172 号

中华人民共和国民法典继承编释义
ZHONGHUA RENMIN GONGHEGUO MINFADIAN JICHENGBIAN SHIYI

黄 薇 主编

策划编辑 张发靖 李 群
责任编辑 陶玉霞 陈昱希
装帧设计 李 瞻

出版 法律出版社
总发行 中国法律图书有限公司
经销 新华书店
印刷 三河市龙大印装有限公司
责任校对 张红蕊
责任印制 张建伟
编辑统筹 法规出版分社
开本 A5
印张 6.125
字数 118 千
版本 2020 年 7 月第 1 版
印次 2020 年 12 月第 3 次印刷

法律出版社/北京市丰台区莲花池西里 7 号(100073)
网址/www.lawpress.com.cn
投稿邮箱/info@lawpress.com.cn
举报维权邮箱/jbwq@lawpress.com.cn
销售热线/400-660-8393
咨询电话/010-63939796

中国法律图书有限公司/北京市丰台区莲花池西里 7 号(100073)
全国各地中法图分、子公司销售电话:
统一销售客服/400-660-8393/6393
第一法律书店/010-83938432/8433 西安分公司/029-85330678 重庆分公司/023-67453036
上海分公司/021-62071639/1636 深圳分公司/0755-83072995

书号:ISBN 978-7-5197-4553-0 **定价**:28.00 元
(如有缺页或倒装,中国法律图书有限公司负责退换)

前　言

编纂民法典是党的十八届四中全会确定的一项重大政治任务和立法任务，是以习近平同志为核心的党中央作出的重大法治建设部署。2020年5月28日，十三届全国人大三次会议审议通过了《中华人民共和国民法典》。这是新中国成立以来第一部以“法典”命名的法律，是新时代我国社会主义法治建设的重大成果。民法典系统整合了新中国成立70多年来长期实践形成的民事法律规范，汲取了中华民族5000多年优秀法律文化，借鉴了人类法治文明建设有益成果。民法典的颁布，标志着我国依法保护民事权利将进入全新的“民法典时代”。

《中华人民共和国民法典》分7编及附则，共1260条10万多字，是我国法律体系中条文最多、体量最大、编章结构最复杂的一部法律。要实施好民法典，就必须让民法典走到群众身边、走进群众心里。

为了配合民法典的学习、宣传和实施，帮助读者及时准确理解民法典的内容，全国人大常委会法制工作委员会民法室参与立法工作的同志编写了“中华人民共和国民法典释义”系列图书。本套书分为7册，包括总则编释义、物权编释义、合同编释义、人格权编释义、婚姻家庭编释义、继承编释义、侵权责任编释义，由全国人大常委会法制工作委员会民法室主任黄薇同志任主编，参加撰写工作的还有杨明仑、杜涛、石宏、段京连、庄晓泳、孙娜娜、李恩正、朱书龙、宋江涛、孙艺超、马吾叶、罗鑫煌、魏超杰、王灯、朱虎、龙俊等。

本书按照释义编写体例，采用逐条解读的方式，通过提炼条文主旨、梳理立法意见、介绍立法经验、例举示范案例等形式，深刻阐释民法典全部内容，力求全面、准确反映立法原意。

因时间和水平有限，如有疏漏之处，敬请读者批评指正。

作　者

2020 年 7 月

目　　录

第六编　继　　承

第一章　一般规定 …………………………………… 001

第一千一百一十九条　【继承编的调整范围】[①] ………… 002

第一千一百二十条　【继承权受国家保护】 ………… 003

第一千一百二十一条　【继承开始的时间及死亡先后的推定】 ………… 007

第一千一百二十二条　【遗产的定义】 ………… 012

第一千一百二十三条　【法定继承、遗嘱继承、遗赠和遗赠扶养协议的效力】 …… 018

第一千一百二十四条　【继承、受遗赠的接受和放弃】 … 021

第一千一百二十五条　【继承权的丧失和恢复】 ……… 026

第二章　法定继承 …………………………………… 033

第一千一百二十六条　【男女平等享有继承权】 ……… 034

第一千一百二十七条　【法定继承人的范围及继承顺序】 ………… 037

① 条文主旨为编者所加，仅供参考。下同。

第一千一百二十八条 【代位继承】 …………………… 050
第一千一百二十九条 【丧偶儿媳、丧偶女婿的继承权】 …………………… 056
第一千一百三十条 【遗产分配的原则】 …………… 059
第一千一百三十一条 【酌情分得遗产权】 …………… 064
第一千一百三十二条 【继承处理方式】 ……………… 068

第三章 遗嘱继承和遗赠 …………………………………… 071
第一千一百三十三条 【遗嘱处分个人财产】 ………… 072
第一千一百三十四条 【自书遗嘱】 …………………… 075
第一千一百三十五条 【代书遗嘱】 …………………… 079
第一千一百三十六条 【打印遗嘱】 …………………… 082
第一千一百三十七条 【录音录像遗嘱】 ……………… 084
第一千一百三十八条 【口头遗嘱】 …………………… 087
第一千一百三十九条 【公证遗嘱】 …………………… 091
第一千一百四十条 【遗嘱见证人资格的限制性规定】 …………………………… 093
第一千一百四十一条 【必留份】 ……………………… 096
第一千一百四十二条 【遗嘱的撤回、变更以及遗嘱效力顺位】 …………… 100
第一千一百四十三条 【遗嘱无效】 …………………… 103
第一千一百四十四条 【附义务遗嘱】 ………………… 105

第四章 遗产的处理 ……………………………………… 108
第一千一百四十五条 【遗产管理人的选任】 ………… 109
第一千一百四十六条 【遗产管理人的指定】 ………… 113

第一千一百四十七条 【遗产管理人的职责】…………115
第一千一百四十八条 【遗产管理人的责任】…………120
第一千一百四十九条 【遗产管理人的报酬】…………121
第一千一百五十条 【继承开始后的通知】…………122
第一千一百五十一条 【遗产的保管】………………125
第一千一百五十二条 【转继承】……………………128
第一千一百五十三条 【遗产确定】…………………131
第一千一百五十四条 【法定继承的适用范围】………133
第一千一百五十五条 【胎儿预留份】………………136
第一千一百五十六条 【遗产分割的原则和方法】……138
第一千一百五十七条 【再婚时对所继承遗产的处分权】……………………144
第一千一百五十八条 【遗赠扶养协议】……………145
第一千一百五十九条 【遗产分割时的义务】…………149
第一千一百六十条 【无人继承遗产的归属】…………152
第一千一百六十一条 【继承人对遗产债务的清偿责任】……………………156
第一千一百六十二条 【遗赠与遗产税款、债务清偿】………………158
第一千一百六十三条 【既有法定继承又有遗嘱继承、遗赠时税款和债务的清偿】……159

附　录 ………………………………………………162
中华人民共和国民法典(节录) ……………………162
关于《中华人民共和国民法典(草案)》的说明(节录) ………………………………………171

第六编　继　　承

继承制度是关于自然人死亡后财富传承的制度。1985 年第六届全国人民代表大会第三次会议通过了《中华人民共和国继承法》。继承法制定实施以来，随着人民群众生活水平不断提高，个人和家庭拥有的财产日益增多，因继承引发的纠纷也越来越多。根据我国社会家庭结构、继承观念等方面的发展变化，民法典继承编在继承法的基础上，修改完善了我国的继承制度，以满足人民群众处理遗产的现实需要。继承编共 4 章、45 条，对法定继承、遗嘱继承和遗赠、遗产的处理等制度作了规定。

第一章　一般规定

本章共 7 条，是有关继承制度的一般规定，内容包括继承编的调整范围、继承开始的时间、死亡推定、继承权的丧失和恢复等。本章与继承法“总则”一章大致相同，根据实践发展的需要作了进一步的修改完善，主要是增加了有关死亡时间推定的规定，修改了遗产范围的规定，增加了宽恕制度，同时为了适应民法典的体系性要求，删除了继承法有关无行为能力人和限制行为能力人继承权、受遗赠权代理的规定、继承权纠纷诉讼时效的规定。

第一千一百一十九条　本编调整因继承产生的民事关系。

【释义】　本条是关于继承编调整范围的规定。

民法典总则编规定的是民事行为的普遍性、共通性规范。民法典其他各编所调整的都是特定领域的民事关系。继承编调整的是继承领域的民事关系，即因继承产生的民事关系。

继承是自然人死亡后，按照法律规定或者遗嘱处理分配其所遗留的个人财产的制度。继承是一种古老的法律制度，可以说自有财产私有制起，就涉及自然人死亡后其生前所积累财产的分割与处分问题。在有些国家、民族，自然人死亡后，不仅涉及其财产的处分问题，还涉及其特定身份、地位（如爵位）的承继。例如，在我国古代就有宗祧继承，在近代日本仍有家督继承。在现代民法中，继承一般仅指自然人死亡后的财产继承，而不涉及身份继承。继承发生的前提就是自然人死亡。自然人死亡是自然事件，这一自然事件是继承发生的法定原因。继承的另一个条件是死亡的自然人留有财产，如果没有留下财产，继承也就无从谈起。遗产是自然人死亡时遗留的个人财产，而不是其身前保管的他人财产或者公共财产。继承要解决的核心问题就是所有权人死亡后私人财产的移转问题。

继承编所调整的就是因继承产生的民事关系。因继承产生的民事关系就是继承关系。继承法律关系包括三个方面内容。一是继承法律关系的主体,即依法享有继承权利、承担相应义务的人,主要包括被继承人和继承人、受遗赠人。被继承人就是死亡时遗留财产的自然人。被继承人只能是自然人。因为法人、非法人组织解散或者破产后,需要按照法律规定清算以处理其财产。继承人就是继承遗产或者有权继承遗产的人。受遗赠人就是根据被继承人的遗嘱接受其赠与的人。二是继承法律关系的客体,就是遗产,即被继承人死亡时所遗留的个人合法财产。继承法律关系所指向的对象,就是被继承人的遗产。继承法律关系围绕遗产的分割与处分展开。三是继承法律关系的内容,就是继承法律关系当事人之间的权利义务关系。在继承法律关系中,继承人享有继承权,同时也承担着相应的法律义务,例如,在遗产分割前妥善保管存有的遗产,根据遗嘱的要求履行被继承人对继承所附加的义务等。

继承编调整继承关系,并不意味着其他各编或者其他民事法律就不调整继承关系。相反,有些法律还对特定领域的继承问题作了相应规定。在涉及这些领域的继承关系时,还需要适用特别法中的有关规定。例如,农村土地承包法第 32 条规定,承包人应得的承包收益,依照继承法的规定继承;林地承包的承包人死亡,其继承人可以在承包期内继续承包。公司法第 75 条规定,自然人股东死亡后,其合法继承人可以继承股东资格;但是,公司章程另有规定的除外。

第一千一百二十条　国家保护自然人的继承权。

【释义】 本条是关于保护继承权的规定。

（一）继承权

继承权是民事权利的一种，是自然人依法享有继承被继承人死亡时遗留的遗产的权利。继承权的取得与实现需要依赖于两个条件。一是被继承人死亡，这是继承权的前提条件。如果被继承人没有死亡，就不会发生继承的问题，继承人在法律上所享有的仅仅是一种继承期待权。二是继承人没有丧失继承权。继承人的继承权可能由于法定事由丧失，在继承人丧失继承权后，继承权在法律上也就无从谈起。继承权作为一种法律权利，在法律上具有以下四个特征。一是继承权是特殊的财产权。继承权的客体指向的是财产，所以继承权首先是一种财产性权利。继承权是围绕被继承人的遗产展开的，是为了解决被继承人死亡后遗产的所有权转移问题。继承权这一财产权具有特殊性，与一般的物权、债权等财产权不同，继承权这种财产权只能在具有特定身份关系的自然人之间享有，是基于身份关系而形成的财产权。二是继承权属于绝对权，具有排他性。任何人均不得侵害继承人的继承权。三是继承权发生的根据是法律的规定或者被继承人所立合法有效的遗嘱，基于法律规定而取得的继承权就是法定继承，基于遗嘱取得的继承权就是遗嘱继承。四是继承权的主体具有专属性。由于继承权是以特定身份为基础的，因此继承权仅为特定主体所享有，继承人与被继承人之间存在某种特定的身份关系，可能是基于血缘形成的关系，也可能是基于姻亲形成的关系。继承人的范围都是由法律明确规定的。法律规定的继承人之外的主体，是不能享有继承权的。

继承权的具体内容包括三个方面。一是接受与放弃继承的权利。继承权作为一种财产性权利，继承人有权接受继承，也有权放弃继承。任何人不能强迫继承人接受、放弃继承。根据继承编第 1124 条的规定,继承开始后,继承人放弃继承的,应当在遗产处理前,以书面形式作出放弃继承的表示,没有作出放弃表示的即视为接受继承。二是取得遗产的权利。继承人如果不放弃继承,即可依法取得被继承人所遗留的遗产。至于继承人取得遗产的份额多少,则需要根据法律规定或者遗嘱内容判断。三是继承权受到侵害时获得救济的权利。继承人的继承权作为财产权利,在受到不法侵害时,当然有权依法寻求救济,可以根据侵权责任编的有关规定主张权利。理论上此种权利被称为继承恢复请求权。继承人根据继承恢复请求权可以要求法院确认自己依法享有继承权,并可以请求返还其依法应得的遗产。

继承权可以由自然人本人行使,也可以由其代理人行使。完全民事行为能力人可以独立从事民事法律行为,自然可以行使继承权。对于限制民事行为能力人和无民事行为能力人而言,由于不具有完全民事行为能力,故无法独立行使继承权。继承法第 6 条规定:“无行为能力人的继承权、受遗赠权,由他的法定代理人代为行使。限制行为能力人的继承权、受遗赠权,由他的法定代理人代为行使,或者征得法定代理人同意后行使。”由于总则编对于限制民事行为能力人和无民事行为能力人如何实施民事法律行为已经有了相关规定,即限制民事行为能力人实施民事法律行为由其法定代理人代理或者经其法定代理人同意、追认,无民事行为能力人由其法定代理人代理实施民事法律行为。因此,继承编删除了继承法的此条相关规定。

(二)继承权的保护

本条规定,国家保护自然人的继承权。在继承编征求意见过程中,有的意见提出,本条内容与本法总则编第124条规定重复,建议删除。本法总则编第124条规定:"自然人依法享有继承权。自然人合法的私有财产,可以依法继承。"需要注意的是,本法总则编第124条是从权利享有的角度规定,本条重点突出的是继承权的保护,二者的立法目标不同。还有意见建议增加规定"保护胎儿的继承权益"。鉴于本法总则编第16条已经明确规定"涉及遗产继承、接受赠与等胎儿利益保护的,胎儿视为具有民事权利能力",因此没有必要重复规定。

保护自然人的继承权不仅是民法典的重要内容,是民法典继承编的基本原则之一,继承权同样也是我国宪法规定的公民基本权利之一。宪法第13条第2款规定,国家依照法律规定保护公民的私有财产权和继承权。民法典继承编保护继承权的规定是落实宪法规定的具体体现。不仅如此,在其他有关法律中也有相关的规定。妇女权益保障法第34条规定,妇女享有的与男子平等的财产继承权受法律保护。在同一顺序法定继承人中,不得歧视妇女。丧偶妇女有权处分继承的财产,任何人不得干涉。该法第35条规定,丧偶妇女对公、婆尽了主要赡养义务的,作为公、婆的第一顺序法定继承人,其继承权不受子女代位继承的影响。未成年人保护法第52条第1款规定,人民法院审理继承案件,应当依法保护未成年人的继承权和受遗赠权。老年人权益保障法第22条第2款规定,老年人有依法继承父母、配偶、子女或者其他亲属遗产的权利,有接受赠与的权利。子女或者其他亲属不得侵占、抢夺、转移、隐匿或者损毁应当由老年人继承或者接受赠与的财产。

第一千一百二十一条　继承从被继承人死亡时开始。

相互有继承关系的数人在同一事件中死亡，难以确定死亡时间的，推定没有其他继承人的人先死亡。都有其他继承人，辈份不同的，推定长辈先死亡；辈份相同的，推定同时死亡，相互不发生继承。

【释义】　本条是关于继承开始时间和死亡先后推定的规定。

（一）继承的开始

本条第1款规定，继承从被继承人死亡时开始。继承的开始意味着继承法律关系的形成。继承开始的时间非常重要，继承开始的时间决定着以下五个重要问题。一是继承人、受遗赠人的范围。继承人有哪些、受遗赠人是否能够获得遗赠，都需要根据继承开始时有关当事人的法律状态来判断。例如，被继承人死亡时，其配偶已离婚的，则其配偶就不再是法定继承人，因而不享有继承权。如果被继承人死亡时，遗嘱所确定的受遗赠人在此前已经死亡的，则该受遗赠人不能享有受遗赠权。因此，一个民事主体是否享有继承权或者受遗赠权，需要根据被继承人死亡之时该民事主体的法律状态具体判断。二是遗产的范围。被继承人死亡的时间是确定被继承人所遗留遗产的时点。被继承人生前可以根据自己的意志自由处分其所有的财产，因此，财产状况是变化的，难以确定。而一旦被继承人死亡，此时，被继承人遗留财产的种类、数量、范围、债权债务等才能最终确定。三是遗产所有权的转移。被继承人死亡后，被继承人不再具有民事权利能力，也就不能成为民事权利的主体，其所遗留的财产的所有权即应转移给继承人。本法第230条规定,因继承取得物权的,自继承开始时发生效力。因此,继承人死亡的时间就是遗产所有权移转的时间。四是遗嘱的效力。遗嘱订立后并不发生效力,只有在被继承人死亡时,遗嘱才生效。因此,继承开始的时间也就是遗嘱生效的时间。如果被继承人留有数份遗嘱,各遗嘱之间的内容有抵触的,根据继承编的有关规定,应当以被继承人生前所立最后的那份遗嘱为准。因此,一份遗嘱是否发生效力、是否有效,需要根据被继承人死亡时的具体情况判断。五是继承权的放弃。继承人有权放弃继承,但是根据继承编的规定,放弃继承必须在继承开始后遗产分割之前,继承人不能在继承开始之前表明放弃继承。因此,继承开始的时间决定着一个人所作的放弃继承的意思表示是否有效。

大多数国家、地区的民法典都对继承开始的时间有规定。《法国民法典》第 718 条规定,继承因自然的死亡和民事上的死亡而开始。《德国民法典》第 1922 条第 1 款规定,在某人死亡(继承开始)时,其财产(遗产)作为总体转移给一人或两个以上的他人(继承人)。《日本民法典》第 882 条规定,继承,因死亡而开始。《意大利民法典》第 456 条规定,继承在遗嘱人的最后住所地自遗嘱人死亡之时开始。《瑞士民法典》第 537 条第 1 款规定,继承,自被继承人死亡时开始。我国台湾地区"民法"第 1147 条规定,继承,因被继承人死亡而开始。我国澳门特别行政区民法典第 1871 条规定,继承于被继承人死亡时在其最后住所地开始。《俄罗斯联邦民法典》第 1113 条规定,继承随着公民的死亡而开始;法院宣告公民死亡即产生与公民死亡相同的法律后果。《西班牙民法典》第 657 条规定,继承自被继承人死亡时开始。《秘鲁民法典》第 660 条规定,自某人死亡之时起,构成其遗产的财产、权利和义务移转至其继承人。

继承开始于被继承人死亡的时间,因此如何确定被继承人死亡的时间至关重要。死亡从法律上而言,包括自然死亡与宣告死亡。《最高人民法院关于贯彻执行〈中华人民共和国继承法〉若干问题的意见》第1条规定,继承从被继承人生理死亡或被宣告死亡时开始。自然死亡就是生理意义上的死亡,即自然人生命的终结。在医学上认定自然死亡有不同的标准,包括脉搏停止说、心跳停止说、呼吸停止说、脑死亡说等。本法第15条对出生时间和死亡时间有明确的规定:自然人的出生时间和死亡时间,以出生证明、死亡证明记载的时间为准;没有出生证明、死亡证明的,以户籍登记或者其他有效身份登记记载的时间为准;有其他证据足以推翻以上记载时间的,以该证据证明的时间为准。因此,确定被继承人死亡的时间应当以死亡证明所记载的时间为准,没有死亡证明的,则应当以户籍登记或者其他有效身份登记记载的时间为准。死亡证明是指有关单位出具的证明自然人死亡的文书,主要包括医疗单位出具的死亡医学证明书,社区、村(居)委会或者基层卫生医疗机构出具的死亡证明,公安司法部门出具的死亡证明,殡葬部门出具的火化证明等。户籍登记以外的其他有效身份登记,包括我国公民居住证、港澳同胞回乡证、台湾居民的有效旅行证件、外国人居留证等。当然,出生证明、死亡证明以及户籍登记或者其他有效身份登记记载的时间由于各种原因,也有可能出现记载错误的情况。如果有其他证据足以推翻出生证明、死亡证明以及户籍登记或者其他有效身份登记记载的时间的,必须实事求是,以该证据证明的时间为准。宣告死亡是自然人下落不明达到法定期限,经利害关系人申请,人民法院经过法定程序在法律上推定失踪人死亡的一项民事制度。宣告自然人死亡,是对自然人死亡在法律上的推定,这种推定将产生与生理死亡基本一样的法律效果。本法总则编对宣告死亡的时间也作了规定,即总则编第 48 条规定,被宣告死亡的人,人民法院宣告死亡的判决作出之日视为其死亡的日期;因意外事件下落不明宣告死亡的,意外事件发生之日视为其死亡的日期。因此,宣告死亡时死亡时间的确定需要根据具体情况判断:如果被宣告死亡者是由于意外事件失踪的,宣告死亡的时间以意外事件发生之日为死亡的日期;如果宣告死亡是由于其他原因失踪的,则以法院宣告死亡的判决作出之日为死亡时间。

(二)死亡时间的推定

本条第 1 款规定继承开始的时间为被继承人死亡的时间。由于被继承人死亡的时间关系到哪些人可以成为继承人。在一般情形下,被继承人死亡时间的确定并不会对继承人的确定造成太大的影响。但当多个相互有继承权的自然人在同一事件中死亡时,如何精确确定他们的死亡时间则直接影响到相关主体的利益。在有些情况下,能够准确确定死亡时间,但是在有时则难以确定准确的死亡时间,这时法律则有必要对各相关主体的死亡时间进行推定。

对此,各国的立法一般也都有明确规定。《法国民法典》第 725 条之一规定,相互有继承权的两人在同一事件中死亡时,死亡之先后得以任何方式证明之;如死亡之先后无从确定,每一个人的遗产均发生转移,而不由其中一人继承;但是,如两死者之一留有直系卑亲属,在准许代位继承的情况下,直系卑亲属可以代表其被继承人继承另一人的遗产。《日本民法典》第 32 条之二规定,数人死亡的,如果不能辨明其中一人在他人死亡以后尚生存,推定这些人同时死亡。《俄罗斯联邦民法典》第1114条第2款规定,在同一日死亡的公民,在继承的权利继受上被认为是同时死亡,不相互继承。每个死亡人的继承人均参加继承。《德国失踪法》第11条规定,在多人死亡或者被宣告死亡,而无法证明死亡时间先后的情况下,推定同时死亡。《英国财产法》(1925年)第184条规定,两人同时遇难,不能确定谁先死亡的,年轻者视作较年长者后死亡。《瑞士民法典》第32条第2项规定,如不能证明数人死亡的先后顺序时,得推定其为同时死亡。《西班牙民法典》第33条规定,两人或多人死亡,当法律后果的产生取决于一个人是否于他人死后尚生存的事实时,死亡的先后顺序应根据证据推定,无法证明的推定同时死亡,其间不发生权利的转移。

继承法并未就死亡时间推定作出规定。为明确此问题,《最高人民法院关于贯彻执行〈中华人民共和国继承法〉若干问题的意见》第2条规定,相互有继承关系的几个人在同一事件中死亡,如不能确定死亡先后时间的,推定没有继承人的人先死亡。死亡人各自都有继承人的,如几个死亡人辈份不同,推定长辈先死亡;几个死亡人辈份相同,推定同时死亡,彼此不发生继承,由他们各自的继承人分别继承。在继承编起草过程中,各方面都提出,应当吸收司法解释的合理规定,对同时死亡时死亡时间的推定问题加以明确。因此,本条第2款规定,相互有继承关系的数人在同一事件中死亡,难以确定死亡时间的,推定没有其他继承人的人先死亡。都有其他继承人,辈份不同的,推定长辈先死亡;辈份相同的,推定同时死亡,相互不发生继承。之所以这么规定,是从有利于保护继承人的利益角度考虑的。相互有继承关系的数人在同一事件中死亡的,根据本款规定,确定死亡时间需要根据具体情况判断。首先,在同一事件中死亡的相互有继承关系的数人,他们的死亡时间如果可以确定的,应当根据客观证据来确定。其次,如果没有证据能证明他们的死亡时间的先后的,则需要根据各自的具体情况进一步作出推定。第一种情况,如果有人没有其他继承人,其与仅有的继承人都在同一事件中死亡的,推定此人先死亡。这样规定就可以使其遗产能够依法被继承,而不会造成无人继承的状况。第二种情况,如果他们都有其他继承人,就需要再进一步根据他们之间的辈份情况来推定,具体而言:其一,辈份不同的,推定长辈先死亡,例如,甲、乙爷孙二人在同一事件中死亡,两人均有其他继承人,则推定爷爷甲先死亡,其孙子乙后死亡;其二,辈份相同的,推定同时死亡,相互之间不发生继承,例如,兄弟丙、丁在同一事件中死亡,两人也都有其他继承人,则推定二人同时死亡,相互之间不继承对方的遗产。

第一千一百二十二条　遗产是自然人死亡时遗留的个人合法财产。

依照法律规定或者根据其性质不得继承的遗产,不得继承。

【释义】 本条是关于遗产的规定。

(一)遗产的含义和特征

本条第1款规定,遗产是自然人死亡时遗留的个人合法财产。遗产是继承法律关系的客体,也是继承权的标的。遗产作为特殊的财产,与一般财产存在诸多不同。首先,遗产仅存于特定时间段。遗产是自然人死亡后所遗留的财产。一个人活着的时候对自己所有的财产享有所有权,即便其立了遗嘱确定了死后财产的分割,只要他还活着,其所有的财产仍是个人财产,并非遗产。只有当他死亡后,其个人所有的财产才成为遗产。同样,遗产一旦分割,也就转移成为继承人个人所有的财产,此时也不再是遗产了。因此,遗产是在自然人死亡之后到被分割之前特定时间阶段的财产状态。其次,遗产在性质上属于财产。遗产为被继承人遗留的财产,即财产性权利和义务。被继承人的人身性权利和义务不属于遗产的范围。如著作权中的署名权等人身性权利,不能成为遗产被继承。需要注意的是,在有的国家,特定身份属性的权利也可以继承。但根据我国继承法和民法典继承编本条的规定,可以继承的仅限于财产性权利。再次,遗产是自然人死亡时遗留的所有个人财产。被继承人死亡后的所有个人财产都成为遗产,无论财产的形态,只要属于其个人所有的财产都转为遗产。遗产仅限于被继承人死亡时遗留的个人所有的财产,他人所有的财产、家庭共有的财产都不属于遗产范围,需要先剥离出去。最后,遗产是自然人死亡时遗留的合法的财产。只有自然人生前合法取得的财产才能成为遗产。在继承编起草过程中,有的意见提出,"合法"为遗产的应有之意,凡属于法律承认为个人所有的财产,就是合法财产,建议删除"合法"二字。也有的意见认为,犯罪分子死亡后,其非法取得的财产并不是遗产,法律应当明确遗产必须是合法的个人财产。经研究认为,还是有必要从法律上明确遗产的合法性,因此在第1款中明确遗产系自然人死亡时遗留的合法财产。

(二)遗产的范围

关于遗产的范围,有不同立法例。一是概括式,即通过概括遗产的特征明确遗产的定义，以抽象方式规定遗产的范围；二是列举式，就是通过一一列明的方式写明哪些财产属于遗产；三是概括式与列举式相结合，在概括规定遗产定义的同时列出遗产的范围。我国继承法第 3 条规定，遗产是公民死亡时遗留的个人合法财产，包括：(1) 公民的收入；(2) 公民的房屋、储蓄和生活用品；(3) 公民的林木、牲畜和家禽；(4) 公民的文物、图书资料；(5) 法律允许公民所有的生产资料；(6) 公民的著作权、专利权中的财产权利；(7) 公民的其他合法财产。也即我国继承法采用的是概括式与列举式相结合的方式。

在立法过程中，就如何规定遗产的范围，有不同意见。有的意见提出，概括式规定能更全面地涵盖遗产范围，更能适应市场经济的发展和社会生活的变化，也是世界各国的普遍做法。有的建议详细列明遗产的范围，包括动产、不动产、建设用地使用权、财产性债权、知识产权中的财产权益、有价证券、股权和其他投资性权利、网络虚拟财产以及其他合法财产和财产性权益。有的意见提出，明确农村宅基地使用权、土地承包经营权、城市公租房、死亡赔偿金、冷冻胚胎、债权债务等是否可以继承。

各国或者地区立法对于继承权的客体都有不同的规定。如《德国民法典》第 1922 条第 1 款规定，某人死亡时，其财产作为总体转移给一个或一个以上的他人。《法国民法典》第 724 条第 1 款规定，法律指定的诸继承人当然占有死者的财产、权利与诉权。《日本民法典》第 896 条规定，继承人自继承开始时起，承继属于被继承人财产的一切权利义务。但被继承人的人身专属性权利义务，不在此限。第 897 条规定，宗谱、祭祀用具及坟墓的所有权，不拘前条的规定，依照习惯由应为主宰祖先祭祀的人承继。但按被继承人的指定已有可主宰祭祀祖先的人存在时,由该人承继。于前项正文的情形中习惯不明时,应承继前项权利的人,由家庭法院确定。《俄罗斯联邦民法典》第1112条规定,遗产包括继承开始之日属于被继承人的物和其他财产,包括财产权利和义务。遗产不包括与被继承人的人身不可分割地联系在一起的权利和义务,其中包括领取赡养金的权利、因公民生命或健康受到损害而取得赔偿的权利,以及本法典或其他法律不允许通过继承移转的权利和义务。遗产不包括人身非财产权和其他非物质利益。我国台湾地区"民法"第1148条规定,继承人自继承开始时,除本法另有规定外,承受被继承人财产上之一切权利、义务。但权利、义务专属于被继承人本身者,不在此限。

考虑到在继承法起草制定时,我国的市场经济尚未确立,人民群众拥有的财产有限,私人财产观念也不强,继承法列明遗产的范围在技术上易操作,也有利于提高人民群众的权利意识。随着社会主义市场经济的不断发展,经济生活中财产的种类丰富多样,新的财产类型不断出现,总则编也规定了各种财产权的种类,没有必要在继承编重复列明各种财产类型为遗产的范围。因此,本条概括规定了遗产的范围,即遗产是自然人死亡时遗留的个人合法财产。理解遗产的范围需要从三个方面把握:第一,遗产首先是财产或财产性权益,非财产性权利(人格权、人身权或相关权益)不得作为遗产继承;第二,遗产必须是合法的财产权,非法的财产权也非遗产的范围;第三,遗产必须是被继承人个人的财产,非个人财产不属于遗产的范围。我国有些财产性权益属于家庭共有,而非属于个人,比如土地承包经营权、宅基地使用权等,根据农村土地承包法、土地管理法的相关规定,获得土地承包经营权、宅基地使用权的主体是以户为单位,并不是属于某个家庭成员。

我国的很多相关法律都规定了特定类型的财产性权益可以继承。如著作权法第 19 条第 1 款规定:"著作权属于公民的,公民死亡后,其本法第十条第一款第(五)项至第(十七)项规定的权利在本法规定的保护期内,依照继承法的规定转移。"农村土地承包法第 32 条规定:"承包人应得的承包收益,依照继承法的规定继承。林地承包的承包人死亡,其继承人可以在承包期内继续承包。"农村土地承包法第 54 条规定:"依照本章规定通过招标、拍卖、公开协商等方式取得土地经营权的,该承包人死亡,其应得的承包收益,依照继承法的规定继承;在承包期内,其继承人可以继续承包。"海域使用管理法第 27 条第 3 款规定:"海域使用权可以依法继承。"公司法第 75 条规定:"自然人股东死亡后,其合法继承人可以继承股东资格;但是,公司章程另有规定的除外。"个人独资企业法第 17 条规定:"个人独资企业投资人对本企业的财产依法享有所有权,其有关权利可以依法进行转让或继承。"合伙企业法第 50 条第 1 款规定:"合伙人死亡或者被依法宣告死亡的,对该合伙人在合伙企业中的财产份额享有合法继承权的继承人,按照合伙协议的约定或者经全体合伙人一致同意,从继承开始之日起,取得该合伙企业的合伙人资格。"合伙企业法第 80 条规定:"作为有限合伙人的自然人死亡、被依法宣告死亡或者作为有限合伙人的法人及其他组织终止时,其继承人或者权利承受人可以依法取得该有限合伙人在有限合伙企业中的资格。"台湾同胞投资保护法第 5 条规定:"台湾同胞投资者投资的财产、工业产权、投资收益和其他合法权益,可以依法转让和继承。"社会保险法第 14 条规定:“个人账户不得提前支取,记账利率不得低于银行定期存款利率,免征利息税。个人死亡的,个人账户余额可以继承。”保险法第42条第1款规定:“被保险人死亡后,有下列情形之一的,保险金作为被保险人的遗产,由保险人依照《中华人民共和国继承法》的规定履行给付保险金的义务:(一)没有指定受益人,或者受益人指定不明无法确定的;(二)受益人先于被保险人死亡,没有其他受益人的;(三)受益人依法丧失受益权或者放弃受益权,没有其他受益人的。”

我国继承法第4条规定:“个人承包应得的个人收益,依照本法规定继承。个人承包,依照法律允许由继承人继续承包的,按照承包合同办理。”在民法典继承编起草时,有的意见提出应删除该条。考虑到继承法中的承包有多种含义,除了农村土地承包法意义上的土地承包外,还存在改革开放初期实行的企业承包经营、工程承包经营等,涉及土地承包相关经营权益继承的问题,农村土地承包法作了规定,涉及公司企业投资等股权继承的问题,相关法律也都有规定。因此,继承编未保留继承法第4条的内容。

(三)不得继承的遗产

本条在规定可以继承的遗产同时,还进一步明确不得继承的遗产范围。第2款规定,依照法律规定或者根据其性质不得继承的遗产,不得继承。原因在于,能被继承的遗产应当是能够转由他人承受的财产,有些个人财产性权益虽然合法,但由于法律上的特殊性质,不宜或者不能由他人承继,在这种情况下,法律有必要将其排除在可继承的遗产范围外。根据本款规定,不得继承的遗产主要有两类。第一类是根据其性质不得继承的遗产,这主要是与被继承人人身有关的专属性权利,如被继承人所签订的劳动合同上的权利义务，被继承人所签订的演出合同上的权利义务。第二类是根据法律规定不得继承的遗产。根据本法第 8 条的规定，民事主体从事民事活动不得违反法律。如果法律有明确规定某些财产是不得继承的，继承人自然不得继承。

第一千一百二十三条　继承开始后，按照法定继承办理；有遗嘱的，按照遗嘱继承或者遗赠办理；有遗赠扶养协议的，按照协议办理。

【释义】　本条是关于法定继承、遗嘱继承、遗赠和遗赠扶养协议的效力的规定。

在继承编起草审议过程中，有的意见提出，应当明确遗嘱扶养协议、遗嘱继承和遗赠、法定继承之间的效力关系，建议将继承法第 5 条修改为"继承开始后，有遗赠扶养协议的，按照遗赠扶养协议处理。有遗嘱的，按照遗嘱继承或者遗赠处理。没有遗赠扶养协议和遗嘱的，按照法定继承处理"。考虑到继承法的规定意思很清楚，也是遗赠扶养协议效力优于遗嘱继承和遗赠，遗嘱继承和遗赠的效力优于法定继承。只是表述的逻辑是按照从最为常见的法定继承先写，到较为常见的遗嘱继承或者遗赠，再到适用较少的遗赠扶养协议。因此，继续沿用了继承法第 5 条的规定。

(一)遗产的处理方式

作为所有权人，每个人都可以按照自己的意愿处分自己所有的财产。被继承人也同样如此，可以在生前对自己所有的财产提前作出安排与处理。根据继承方式与被继承人的意思是否有关,继承可以分为遗嘱继承和法定继承。遗嘱继承就是根据被继承人生前所立合法有效的遗嘱指定特定继承人继承遗产。法定继承就是被继承人未立遗嘱或者所立遗嘱未处分的部分遗产,根据法律规定由特定范围的继承人按照法律规定的顺序、份额等继承。

当然,被继承人的遗产还可以因被继承人自己生前的意思而由继承人以外的人取得,有两种方式:第一种就是遗赠,即被继承人在遗嘱中明确表示自己身故后将遗产的全部或者部分赠与某人;第二种就是遗赠扶养协议,遗赠扶养协议是我国特有的一种遗产处理方式,是自然人与继承人以外的组织或者个人签订协议,由该组织或者个人负责自然人的生养死葬,并在该自然人死亡后获赠其遗产。

因此,被继承人可以通过不同的方式处理自己的遗产,既可以在生前立遗嘱处分自己的遗产,也可以与他人签订协议处分自己的遗产,还可以不作任何意思表示而根据法律规定处理遗产。

（二）法定继承、遗嘱继承或者遗赠、遗赠扶养协议间的效力

本法第5条规定自愿原则(意思自治原则),民事主体可以按照自己的意思设立、变更、终止民事法律关系。意思自治原则在继承领域的具体体现就是自然人的遗嘱自由。法律要充分尊重民事主体的意思自治,在涉及遗产的处理问题上,同样要贯彻意思自治的民法基本原则,本条规定,继承开始后,按照法定继承办理;有遗嘱的,按照遗嘱继承或者遗赠办理;有遗赠扶养协议的,按照协议办理。

首先,继承开始后,按照法定继承办理。在通常情况下,如果被继承人生前没有留有有效的遗嘱,继承开始后,就需要启

动法定继承制度,根据继承编所规定的继承人的范围、顺序、遗产分配方法等,确定各继承人之间所得遗产的数额。这是最为常见的继承方式。

其次,有遗嘱的,按照遗嘱继承或者遗赠办理。如果被继承人生前留下了合法有效的遗嘱,被继承人的财产就需要优先根据遗嘱的内容来分配。有遗嘱的包括两种情况:第一种就是遗嘱指定了特定的继承人继承,此时,就需要启动遗嘱继承程序,按照遗嘱的要求来分配遗产;第二种就是被继承人通过遗嘱将遗产赠与继承人以外的个人或者组织,处理遗产就必须尊重被继承人的意思。被继承人的遗嘱可能是处理了自己的所有遗产,也可能是处理了部分遗产。不管哪种情况,只要有遗嘱,就优先按照遗嘱的指示来分配所涉及的部分遗产。比如,甲个人所有的房产 A、B、C 三处,银行存款 100 万元,甲生前立有一份遗嘱,遗嘱载明 A 处房产指定由孙子乙继承,B 处房产赠与好朋友丙,银行存款 100 万元委托好友丙交给母校某大学设立奖学金。甲身故后,A 处房产则应当遵照遗嘱的要求由其孙子乙继承,乙可以获得该房产的所有权;B 处房产则应当按照甲在遗嘱中的意思表示遗赠给丙;银行存款 100 万元,则应遗赠给母校某大学;甲在遗嘱中未作处理的 C 处房产以及其他遗产,则应当按照法定继承予以分割。遗嘱继承的效力之所以优先于法定继承,原因就在于遗嘱体现了被继承人的意思自治。法定继承是在被继承人意思缺位的时候,立法按照男女平等、养老育幼、权利义务相一致等公平合理的规则分配被继承人的遗产。

最后,有遗赠扶养协议的,按照协议办理。遗赠扶养协议是自然人生前与继承人以外的个人或者组织签订的协议。当事人之间签订的协议,双方当事人都必须遵守。在遗赠扶养协议中,扶养人有负责被扶养人生养死葬的义务,同时享有获得遗赠的权利;被扶养人生前有权要求扶养人照顾自己,同时也有义务在死亡后将自己的遗产赠与扶养人。从法律性质上讲,遗赠扶养协议是一种双务合同。这种协议也体现了被扶养人生前的自主意思,应当被尊重,同时这种双务合同体现了双方当事人的意思,理应比仅体现一方意思的遗嘱效力优先。因此,在自然人生前与他人签订了遗赠扶养协议时,应当以遗赠扶养协议优先处理所涉遗产。由于双方当事人可以事先约定扶养人受遗赠的财产范围,超过此范围的遗产,如果被扶养人立有遗嘱,则应当按照遗嘱处理,如果没有遗嘱,则应当按照法定继承办理。需要注意的是,如果对于同一财产,遗赠扶养协议和遗赠都涉及时,应当优先按照遗赠扶养协议处理。比如,甲与乙签订了遗赠扶养协议,约定乙负责给甲养老,同时约定甲身故后,乙有权获得甲位于某市的A房产一套。甲年迈后,立了一份遗嘱,写明自己的所有财产均由其弟丙继承。甲的所有财产当然包括A房产,根据遗嘱A房产应由丙继承;但是因甲与乙签订了遗赠扶养协议,且该协议明确约定了乙有权获得A房产。此时,即便遗嘱有意思表示,但遗赠扶养协议的效力优先,故A房产应当赠与乙。

第一千一百二十四条　继承开始后,继承人放弃继承的,应当在遗产处理前,以书面形式作出放弃继承的表示;没有表示的,视为接受继承。

受遗赠人应当在知道受遗赠后六十日内,作出接受或者放弃受遗赠的表示;到期没有表示的,视为放弃受遗赠。

【释义】 本条是关于继承、受遗赠的接受与放弃的规定。

(一)继承的放弃与接受

继承法第25条第1款规定,继承开始后,继承人放弃继承的,应当在遗产处理前,作出放弃继承的表示。没有表示的,视为接受继承。

继承编起草审议过程中,有的意见建议,明确放弃继承的意思表示应当向遗产管理人作出。有的意见提出,放弃继承涉及继承人的重大利益,建议明确应当以书面方式作出,以免日后因缺少证据发生纠纷。有的意见提出,放弃继承的时限应进一步明确,建议为知道继承开始后2个月或者6个月内。继承为当事人的一项权利,继承人对自身权利有处分权,继承人放弃继承就是一种处分方式,继承人可以在继承开始后遗产处理前随时作出。由于遗产管理人在继承开始后需要一段时间才能确定,所以未进一步明确必须向遗产管理人作出放弃继承的意思表示。放弃继承关系到继承人的重大利益,有必要以要式法律行为作出,增加规定放弃的意思表示应当以书面方式作出,以示慎重。考虑到国外规定放弃继承的时限,主要是明确参与遗产分配的继承人,有助于清点遗产,明确概括继承人的权利义务,而我国的继承人仅以所分得遗产为限对被继承人的债务承担责任,是否限定时限对继承人的权利义务没有太大影响。且在我国不少地方存在这种习俗,即长辈过世后不会立即分割遗产,往往会等到该长辈的配偶亦过世后,晚辈继承人才一并分割长辈们的遗产。此外,被继承人死亡后,继承人往往处于悲痛中,要求继承人在短期内作出是否接受继承的意思表示未必恰当。因此,本条第1款基本保留了继承法第25条第1款的规定,仅对放弃的形式作了修改,规定继承开始后,继承人放弃继承的,应当在遗产处理前,以书面形式作出放弃继承的表示;没有表示的,视为接受继承。

放弃继承就是继承人作出不接受继承、不参与遗产分割的意思表示。放弃继承的继承人既可以是遗嘱继承人,也可以是法定继承人。放弃继承的意思表示可以是继承人本人作出,也可以通过其代理人作出。继承权是继承人依法享有的一种权利,继承人可以放弃,也可以不放弃,应当尊重继承人的内心意思,任何人不得胁迫、欺诈他人放弃继承。

根据本条第 1 款的规定,放弃继承必须在特定时间作出,即继承开始后,遗产处理前。继承人放弃继承必须在此时间段作出,既不能在继承尚未开始前放弃,也不能在遗产分割之后放弃。本法第 1121 条规定,继承从被继承人死亡时开始。因此,放弃继承必须在被继承人死亡后放弃。如果被继承人尚未死亡,继承人就作出放弃继承的意思表示,这种放弃是无效的。放弃必须在遗产处理前作出,在遗产处理之后,遗产的所有权已经转移给继承人,此时继承人放弃的不是继承,而是所继承遗产的所有权。境外立法对放弃继承的期限一般都有规定。例如,《日本民法典》第 915 条规定,继承人自其知道自己的继承已经开始之时起三个月以内,须就继续表示单纯或限定的承认,或者放弃。但此期间,可以根据利害关系人或检察官的请求,由家庭法院予以延长。继承人在对继承表示承认或放弃以前,可以对继承财产进行调查。《德国民法典》第 1944 条规定,遗产的拒绝,只能在 6 个星期以内为之。前款所规定的期间,自继承人知悉遗产的归属和有资格做继承人的原因时起算。继承人因死因处分而有资格做继承人的,在处分宣布前,期间不起算。期间的经过,准用该法第 206 条、第 210 条关于消灭时效的规定。被继承人仅在外国有最后住所,或在期间起算时,继承人在外国居留的,期间为 6 个月。该法第 1946 条规定,一旦继承开始,继承人就可以接受或拒绝遗产。

继承人放弃继承,必须以书面方式作出。要求继承人放弃继承以书面方式作出的原因有二:一方面,放弃继承意味着继承人不参与遗产分割,是对自己权利的重大处分,要求继承人以书面方式作出,也可以让继承人三思而行,谨慎作出;另一方面,放弃继承后,继承人不再参与遗产分割,其他继承人将可以获得更多的遗产份额,为了避免当事人之间就遗产分割发生争议,以书面方式作出,更有利于保留证据。继承人放弃继承的书面意思表示,可以向遗产管理人作出,也可以在涉遗产的诉讼中向人民法院作出,也可以向其他继承人作出。各国或者地区立法对放弃继承的程序和形式都有一定的要求。例如,《法国民法典》第 784 条规定,继承的抛弃不得推定。抛弃以登记于继承开始地第一审法院书记课为此目的备置的登记簿为之。《德国民法典》第 1945 条规定,遗产的拒绝,以向遗产法院作出的意思表示为之;该意思表示必须以遗产法院的记录或以公证认证的形式作出。遗产法院的记录,依照《公证证书做成法》的规定做成。意定代理人必须有经公证认证的授权书。授权书必须在做出意思表示时附上,或在拒绝期间内补交之。《日本民法典》第 938 条规定,要放弃继承的人,须将其意思向家庭法院申述。《俄罗斯联邦民法典》第 1159 条规定,继承人通过向继承开始地的公证员和依法有权颁发继承权证明书的公职人员递交放弃遗产申请书的方式放弃遗产;如果放弃遗产的申请书不是由继承人本人,而是由他人向公证员递交的或者邮寄的,则继承人在申请书上的签字应该按照本法典第 1153 条第 1

款第 2 项规定的程序加以证明；如果委托书中有相关的专门授权，可以通过代理人放弃遗产，法定代理人放弃遗产无需委托书。我国台湾地区“民法”第 1174 条规定，继承人得抛弃其继承权。前项抛弃，应于知悉其得继承之时起 3 个月内，以书面向法院为之。抛弃继承后，应以书面通知因其抛弃而应为继承之人。但不能通知者，不在此限。

放弃继承必须以明示方式作出，不得以默示方式作出。根据本条第 1 款规定，继承人在继承开始后遗产处理前，对是否接受继承没有表示的，视为接受继承。这与大多数国家的立法一样。如《德国民法典》第 1943 条规定，继承人已接受遗产，或就拒绝遗产所规定的期间已过去的，继承人不得再拒绝遗产；期间届满时，遗产视为已被接受。

继承人放弃继承后，其即不参与遗产分配。如果是遗嘱继承的继承人放弃继承，根据本法第 1154 条第 1 项的规定，所涉遗产即按照法定继承办理；如果是法定继承人放弃继承，那么该继承人本应分得的遗产份额就应由其他继承人分割。继承人放弃继承，放弃的效力溯及继承开始之时。

(二)受遗赠的接受与放弃

本条第 2 款规定，受遗赠人应当在知道受遗赠后 60 日内，作出接受或者放弃受遗赠的表示。到期没有表示的，视为放弃受遗赠。

作出接受或者放弃受遗赠的期限为 60 日，即从受遗赠人知道受遗赠后的 60 日内作出。在继承编起草审议过程中，有的意见提出，应适当延长期限，建议修改为 6 个月。考虑到受遗赠人为继承人以外的人，属于外人，如果给予过长的时间决定是否接受遗赠，会使遗产长期处于不确定状态，且 60 日的期限是从受遗赠人知道之日起算，已经足够一个理性人作出判断。因此，未对此期限作出修改。

接受遗赠必须以明示的方式作出意思表示，受遗赠人在法定期限内不作出意思表示的视为放弃。在本编起草审议过程中，有的意见提出，受遗赠人作出接受与放弃的意思表示也应当以书面方式作出，不作出的视为接受遗赠。自然人以遗嘱方式作出遗赠虽然是单方行为，但从法律的本质上而言，遗赠行为在某种程度上应当视为一种双方法律行为，遗赠人作出赠与的意思表示，受遗赠人需要接受方可，这就需要双方意思达成一致方能成立，遗赠人不得将自己的意思强加给另一方。因此，如果受遗赠人在法定期限内不作任何意思表示，赠与的合意难以形成，法律不宜强迫当事人达成合意，故不宜规定受遗赠人不作出接受表示即视为接受。同时，考虑到接受遗赠属于行使权利的行为，不宜对当事人要求过高，在形式上法律不宜作硬性规定，只要受遗赠人作出意思表示即可，不必非得以书面方式作出。

第一千一百二十五条　继承人有下列行为之一的，丧失继承权：

（一）故意杀害被继承人；

（二）为争夺遗产而杀害其他继承人；

（三）遗弃被继承人，或者虐待被继承人情节严重；

（四）伪造、篡改、隐匿或者销毁遗嘱，情节严重；

（五）以欺诈、胁迫手段迫使或者妨碍被继承人设立、变更或者撤回遗嘱，情节严重。

继承人有前款第三项至第五项行为，确有悔改表现，被继承人表示宽恕或者事后在遗嘱中将其列为继承人的，该继承人不丧失继承权。

受遗赠人有本条第一款规定行为的，丧失受遗赠权。

【释义】 本条是关于继承权丧失和恢复的规定。

继承权丧失是指继承人因对被继承人或者其他继承人实施了法律所禁止的行为，而依法被取消继承被继承人遗产的资格。继承权丧失意味着继承人不再享有获得被继承人遗产的权利，继承人在继承开始后可以自主决定放弃继承权，但继承权丧失是法律规定取消继承权的情形。

不少国家或者地区的民法都对继承权丧失有类似规定，但名称略有不同。如《德国民法典》第 2339 条规定，有下列情形的人，继承不适格：(1)故意地和不法地杀害被继承人或杀害未遂，或将被继承人置于使其到死亡时为止不能做成或废止死因处分的境地的人；(2)故意地和不法地阻碍被继承人做成或废止死因处分的人；(3)以恶意欺诈方式或不法地以胁迫方式促使被继承人做成或废止死因处分的人；(4)就被继承人的死因处分而言，犯有《刑法典》第 267 条、第 271 条至第 274 条的犯罪行为的人。在继承开始前，被继承人被促使做成的死因处分或犯罪行为所关涉的死因处分失去效力，或被继承人被促使废止的死因处分可能已失去效力的，在第 1 款第 3 项、第 4 项的情形，不发生继承不适格。《法国民法典》第 726 条规定，下列之人丧失继承资格，排除其继承遗产：(1)因故意杀害被继承人既遂或者未遂，作为正犯或共犯被判处重罪之刑罚的；(2)虽无杀人意图但故意对被继承人实施殴打或暴力行为致其死亡，作为正犯或共犯被判处重罪之刑罚的。第727条规定,得宣告下列之人丧失继承资格:(1)因故意致被继承人死亡既遂或者未遂,作为正犯或共犯被判处轻罪之刑罚的;(2)虽无杀人意图但因故意对被继承人实施殴打或暴力行为致其死亡,作为正犯或共犯被判处轻罪之刑罚的;(3)因在针对被继承人的刑事诉讼中作伪证被判刑的;(4)在可以作为且对本人或第三人并无危险的情况下,因故意不作为,对侵犯被继承人人身并引起其死亡的重罪或轻罪不加阻止而被判刑的;(5)诽谤被继承人,致其因受到诽谤之事实而被判刑事处罚,行为人因诽谤罪被判刑的。因实施第1项与第2项所指行为的人,虽因当事人死亡,公诉未能进行或者消灭,仍得宣告其无继承资格。《日本民法典》第891条规定,下列人等,不能成为继承人:(1)故意致使被继承人或在继承上处于先顺位或同顺位的人于死亡,或因要致其死亡而被处以刑罚的人;(2)已知被继承人被杀害而不去告发或控告的人;但该人不能辨别是非时,或杀害者为自己的配偶或直系血亲时,不在此限;(3)以诈欺或胁迫妨碍被继承人订立、撤回或变更被继承人关于继承的遗嘱的人;(4)以诈欺或胁迫致使被继承人订立、撤销或变更关于继承的遗嘱的人;(5)伪造、变造、销毁或隐匿被继承人关于继承的遗嘱的人。《俄罗斯联邦民法典》第1117条规定:(1)如果按照司法程序证实,公民以自己的故意违法行为针对被继承人、被继承人的某个继承人,或者反对被继承人遗嘱中所表达之最后意志的实现从而促使或企图促使自己或他人成为继承人,或者以此促使或企图促使增加自己或他人应得的遗产份额,则该公民既不能依法继承,也不得依遗嘱继承。但是,公民对丧失继承权之后被继承人遗赠的财产,享有继承权。如果依照司法程序父母被剥夺了对子女的亲权,在继承开始时也没有恢复亲权,则父母在该子女死后不得依法继承。(2)恶意逃避履行依法扶养被继承人义务的公民,可以由法院根据利害关系人的请求排除其依法继承的权利。(3)依照本条的规定没有继承权的人或法院排除其继承权的人(无权继承的人)必须依照本法典第60章返还不当取得的遗产中的全部财产。(4)本条的规则相应地适用于有权取得必继份额遗产的继承人。(5)本条的规则亦适用于遗赠。如果遗赠的标的是为无权继承的受遗赠人完成一定的工作或者向他提供一定的服务,则受遗赠人必须向执行遗赠的继承人补偿为他完成的工作或所提供服务的价值。我国台湾地区"民法"第1145条规定,有左列各款情事之一者,丧失其继承权:(1)故意致被继承人或应继承人于死或虽未致死因而受刑之宣告者;(2)以诈欺或胁迫使被继承人为关于继承之遗嘱,或使其撤回或变更之者;(3)以诈欺或胁迫妨害被继承人为关于继承之遗嘱,或妨害其撤回或变更之者;(4)伪造、变造、隐匿或湮灭被继承人关于继承之遗嘱者;(5)对于被继承人有重大之虐待或侮辱情事,经被继承人表示其不得继承者。前项第2款至第4款之规定,如经被继承人宥恕者,其继承权不丧失。

(一)丧失继承权的法定事由

本条第1款规定,继承人有下列行为之一的,丧失继承权:(1)故意杀害被继承人;(2)为争夺遗产而杀害其他继承人;(3)遗弃被继承人,或者虐待被继承人情节严重;(4)伪造、篡改、隐匿或者销毁遗嘱,情节严重;(5)以欺诈、胁迫手段迫使或者妨碍被继承人设立、变更或者撤回遗嘱,情节严重。根据本款规定,丧失继承权的法定事由包括五种:

一是故意杀害被继承人。所谓故意杀害就是故意剥夺他人生命。根据我国刑法规定，这种行为构成故意杀人犯罪。我国刑法第232条规定："故意杀人的，处死刑、无期徒刑或者十年以上有期徒刑；情节较轻的，处三年以上十年以下有期徒刑。"首先，在主观上，继承人存在杀人的故意。即不包括过失犯罪，也不包括过失或者因正当防卫致被继承人死亡。犯罪动机上，无论继承人是否为了取得被继承人的遗产。其次，故意犯罪的对象必须是被继承人。最后，在客观上实施了杀害行为。只要继承人实施了故意杀害被继承人的犯罪行为，无论犯罪是既遂还是未遂，都将丧失继承权。

二是为争夺遗产而杀害其他继承人。首先，在主观上，必须有杀害的故意，且动机为争夺遗产。其次，在客体上，所侵害的必须是其他继承人的生命。最后，在客观上，也是实施了杀害的行为，当然无论这种犯罪行为是否既遂，都构成丧失继承权的法定事由。

三是遗弃被继承人，或者虐待被继承人情节严重。本项包括两种情况，第一种就是遗弃被继承人。需要注意的是，只要行为人实施了遗弃被继承人的行为，而不论这种行为是否严重，即依法将失去继承权。遗弃被继承人的行为也可能构成犯罪。根据我国刑法第261条的规定，如果继承人遗弃情节恶劣的，将构成遗弃罪。第二种是虐待被继承人，如果继承人虐待被继承人情节严重，则构成丧失继承权的法定事由。继承人虐待被继承人情节是否严重，可以从实施虐待行为的时间、手段、后果和社会影响等方面判断。根据我国刑法第260条的规定，虐待家庭成员情节恶劣的，则构成虐待罪。需要注意的是，实施本项规定的两种行为的，只要实施了遗弃行为、虐待被继承人情节严重的，就可以认定丧失继承权，而不需要继承人必须达到构成遗弃罪和虐待罪的程度。

四是伪造、篡改、隐匿或者销毁遗嘱，情节严重。遗嘱是遗嘱人处分自己遗产的意思表示。自然人有处分自己财产的权利，有遗嘱自由，如果遗嘱被他人篡改、隐匿或者销毁，这就歪曲了遗嘱人的真实意思，伪造遗嘱更是如此。因此，为尊重被继承人的遗愿，本项规定伪造、篡改、隐匿或者销毁遗嘱情节严重的，也构成丧失继承权的法定事由。所谓伪造，就是被继承人未立遗嘱，继承人无中生有地假冒被继承人所立遗嘱。所谓篡改，就是对被继承人所立的遗嘱的部分内容予以修改。所谓隐匿，就是将被继承人的遗嘱予以藏匿，不告知其他继承人或者遗产管理人。所谓销毁，就是将被继承人所立的合法有效的遗嘱予以损毁以致灭失。伪造、篡改、隐匿、销毁遗嘱的，都需要情节严重方可成为丧失继承权的原因。所谓情节严重，可以是继承人通过伪造、篡改、隐匿或者销毁遗嘱的行为侵占了被继承人的巨额遗产，也可以是导致其他继承人未能参与遗产分割以致生活困难等。

五是以欺诈、胁迫手段迫使或者妨碍被继承人设立、变更或者撤回遗嘱，情节严重。所谓欺诈，是指继承人故意欺骗被继承人，使被继承人陷入错误判断，并基于此错误判断而立遗嘱、变更遗嘱内容或者撤回所立遗嘱。所谓胁迫，就是继承人通过威胁、恐吓等不法手段对被继承人思想上施加强制，由此使被继承人产生恐惧心理并基于恐惧心理而立下遗嘱、修改遗嘱内容或者撤回所立遗嘱。不论继承人是采取欺诈手段，还是通过胁迫手段，只要导致被继承人的真实意思受到歪曲，情节严重的，就构成丧失继承权的法定事由。

(二)继承权的恢复

本条第2款规定,继承人有前款第3项至第5项行为,确有悔改表现,被继承人表示宽恕或者事后在遗嘱中将其列为继承人的,该继承人不丧失继承权。根据本款的规定,继承人虽然实施了某些丧失继承权的行为,但只要被继承人对其表示宽恕或者事后在遗嘱中仍将其列为继承人,其丧失的继承权即可以恢复。继承权恢复的前提条件是:

第一,继承人是因为实施了第1款第3~5项的行为而丧失继承权,即继承人丧失继承权是因为遗弃被继承人,虐待被继承人情节严重,伪造、篡改、隐匿或者销毁遗嘱情节严重,或者以欺诈、胁迫手段迫使或者妨碍被继承人设立、变更或者撤回遗嘱情节严重。只有因为此3类事由丧失继承权的,方可以恢复。如果继承人因为实施了故意杀害被继承人或者为争夺遗产而杀害其他继承人而丧失继承权的,则不论如何是不能再恢复继承权的。

第二,继承人确有悔改。所谓确有悔改,就是继承人在实施上述行为后,从内心认识到自己的错误,并积极主动改正自己的错误。例如,曾经遗弃被继承人,后醒悟认识到自己的错误,即承担起养老育幼、相互扶助的义务,以实际行动赡养、扶养、抚养被继承人;或者继承人隐匿了遗嘱后,承认错误而交出遗嘱。认定继承人是否确有悔改,应该结合其行为及内心的主观认识来判断,不能仅仅从表面的行为分析,既要有悔改的外在行为,还要有内在的主观态度改正。

第三,被继承人作出了恢复继承权的意思表示。被继承人可以通过两种方式恢复继承人丧失的继承权。第一种就是被继承人表示宽恕,即被继承人原谅继承人所犯的错误,并予以饶恕。被继承人宽恕的意思表示既可以是以书面方式作出,也可以是口头的,只要其有此意思表示即可。宽恕的意思表示可以是向丧失继承权的继承人作出,也可以是向其他人作出。第二种就是被继承人事后在遗嘱中仍将丧失继承权的继承人列为继承人。遗嘱的形式不限,只要是合法有效的遗嘱即可。在遗嘱中列为继承人,不一定是指定其为遗嘱继承人,也可以是在遗嘱中确定继承人仍可以参与法定继承的遗产分割。宽恕制度的目的是尊重被继承人的真实意思。如果继承人实施了第 1 款后 3 项规定的行为,即便其确有悔改,如果被继承人未作出恢复继承权的意思表示,其继承权仍无法恢复。

(三)丧失受遗赠权

本条第 3 款规定,受遗赠人有本条第 1 款规定行为的,丧失受遗赠权。赠与虽然是单方法律行为,受赠人无需有积极的作为义务,但是根据合同法原理,如果受赠人实施了某些不利于赠与人或赠与人近亲属的行为,赠与人是可以撤销赠与的。遗赠同样如此,根据本款规定,如果受遗赠人实施了第 1 款的行为的,受遗赠人将丧失受遗赠权。需要注意的是,丧失受遗赠权属于绝对丧失,受遗赠人一旦实施了第 1 款规定的行为,即永久丧失受遗赠权,不得再恢复。

第二章 法定继承

法定继承是各国继承法中的重要内容,我国民法典继承编在继承法的基础上，总结实践经验，回应实践需求，对法定继承这一章作了一些修改和完善。本章共7条，规定了继承权男女平等、法定继承人的范围以及继承顺序、代位继承、尽了主要赡养义务的丧偶儿媳或者丧偶女婿的继承地位、遗产份额的分配原则、酌给遗产制度、处理继承问题的精神以及遗产分割方式等内容。

第一千一百二十六条　继承权男女平等。

【释义】 本条是关于继承权男女平等原则的规定。

在我国古代的继承制度中，派生于宗法制度的宗祧继承地位突出，宗祧继承侧重于祭祀和身份，根据宗法关系确定继承人的范围，而在男尊女卑思想和制度的支配下，继承人一般只限于直系血亲中的男性，女性一般没有继承权。虽然在一些朝代的律法中，有关于女性继承财产的规定，但是大多数附有严苛的条件或者设有限额，继承权男女不平等的特征明显。

近代以来，随着社会观念的加速更新以及西方法律思想的影响，中国的继承法律制度出现了相当大的变化。1926年国民党第二次全国代表大会通过了《关于妇女运动决议案》，该决议案在法律、经济、教育、社会等各方面确认了男女平等原则。该决议案也对于1929年至1931年期间南京国民政府制定的中华民国民法的相关内容产生了重要影响。中华民国民法尽管没有宣示性地规定“男女平等”，但是亲属、继承两编中的具体内容却是按照男女平等原则来制定的。在继承编中，中华民国民法废弃了与宗祧继承有关的律文，明确地将女性列在法定继承人的范围中，例如，在关于继承顺序的条文中规定，遗产继承人除配偶外,依顺序定之:(1)直系血亲卑亲属;(2)父母;(3)兄弟姊妹;(4)祖父母。根据这些规定,继承已不仅仅局限于男性,继承顺序和份额也不是按性别来区分,女性同样享有继承权。中华民国民法与传统时代的法律文本相比,突破了男尊女卑的固有格局,使女性的法律地位有了明显改善,这在近代中国的立法史上有着重要的意义。然而,法律的实施要有与之相适应的现实条件作依托,在那个新旧更迭的时代,旧有的生活方式和传统习俗仍占据主导地位,中华民国民法中规定的平等继承权脱离了长久以来的传统习俗和立法传统,因此在实施中遇到很大阻力,实践效果不佳。

中华人民共和国成立以来,我国妇女的地位得到了根本性改变,为实现继承权男女平等提供了最为有利的条件,也在客观上要求法律保护男女平等的继承权。中华人民共和国成立以来相继颁布的法律也突出了对妇女权益的保护。1950年颁布的婚姻法规定了男女权利平等,夫妻之间、父母子女之间有互相继承遗产的权利。1982年通过的宪法第48条规定,中华人民共和国妇女在政治的、经济的、文化的、社会的和家庭的生活等各方面享有同男子平等的权利。1985年颁布的继承法第9条规定,继承权男女平等。1986年颁布的民法通则第105条规定,妇女享有同男子平等的民事权利。2005年颁布的妇女权益保障法第2条中规定,实行男女平等是国家的基本国策。国家采取必要措施,逐步完善保障妇女权益的各项制度,消除对妇女一切形式的歧视。

在民法典继承编的编纂过程中,有的意见提出,继承法第9条“继承权男女平等”的规定仅具有宣示意义,建议删去。考虑到实践中可能还存在一些重男轻女的现象,为了彰显立法平等保护男女权益的价值导向,发挥法律引导和规范现实生活和司法实践的作用,民法典继承编保留了继承法的这条规定。

"继承权男女平等"原则在民法典继承编中体现在以下几个方面:

第一,继承权的取得不因自然人的性别不同而不同。自然人有没有继承权与性别没有任何关系,妇女同男子享有平等的继承权,不因妇女的婚姻、工作状况而有所差别。

第二,确定法定继承人的范围及继承顺序、继承份额不因自然人的性别不同而不同。民法典继承编规定的法定继承人范围中,既有男性又有女性,如丈夫和妻子、儿子和女儿、父亲与母亲、兄弟与姐妹、祖父与祖母、外祖父与外祖母以及对公婆尽了主要赡养义务的丧偶儿媳与对岳父母尽了主要赡养义务的丧偶女婿,平等地作为法定继承人。继承顺序不因男女而有差别,在同一亲等内,适用于男性的继承顺序同样适用于女性。在继承份额上,如果没有法律规定的多分、少分或者不分遗产的情形,同一顺序的继承人继承遗产的份额,一般应当均等,不能以男女性别不同作为划分遗产多少的依据。

第三,代位继承不因自然人的性别不同而不同。本法规定,被继承人的子女先于被继承人死亡的,由被继承人的子女的直系晚辈血亲代位继承。对于代位继承,凡适用于男性的继承,同样适用于女性;适用于父系的继承,也同样适用于母系。

第四,在夫妻财产继承中,夫妻继承地位平等,处分所继承的财产的权利平等。夫妻彼此是对方的第一顺位法定继承人。根据本法第1153条的规定,夫妻共同所有的财产,除有约定的外,遗产分割时,应当先将共同所有的财产的一半分出为配偶所有,其余的为被继承人的遗产。即在没有另外约定时,夫妻共同财产的一半为被继承人的遗产,不因性别不同而有所差异。本法第1157条还规定,夫妻一方死亡后另一方再婚的,有权处分所继承的财产,任何组织或者个人不得干涉,这也体现了继承权男女平等原则。

第一千一百二十七条　遗产按照下列顺序继承:

(一)第一顺序:配偶、子女、父母;

(二)第二顺序:兄弟姐妹、祖父母、外祖父母。

继承开始后,由第一顺序继承人继承,第二顺序继承人不继承;没有第一顺序继承人继承的,由第二顺序继承人继承。

本编所称子女,包括婚生子女、非婚生子女、养子女和有扶养关系的继子女。

本编所称父母,包括生父母、养父母和有扶养关系的继父母。

本编所称兄弟姐妹,包括同父母的兄弟姐妹、同父异母或者同母异父的兄弟姐妹、养兄弟姐妹、有扶养关系的继兄弟姐妹。

【释义】　本条是关于法定继承人的范围及继承顺序的规定。

法定继承,又被称为"无遗嘱继承",是指继承人范围、继承顺序、继承份额等均由法律直接规定的继承方式。法定继承与遗嘱继承是继承制度中的两种继承方式,法定继承是遗嘱继承的补充,在既没有遗赠扶养协议又没有遗嘱的情况下,被继承人的遗产按照法定继承处理。法定继承具有以下特征:一是具有身份性,法定继承人的范围是基于一定的身份关系而确定,一般以血缘关系和婚姻关系为基础;二是具有法定性,法定继承中有关继承人的范围、继承顺序等的规定具有强行性,不得由当事人变更。

法定继承人的范围及继承顺序是法定继承制度的重要内容，本条对法定继承人的范围和继承顺序作了如下规定：

（一）关于法定继承人的范围

受各国、各地区继承传统、风俗习惯和文化差异等多种因素的影响，法定继承制度比其他领域的法律制度更具有民族性、地域性等特点，因此各国、各地区关于法定继承的规定并不一致。法定继承人的范围，是指应当赋予哪些人以法定继承权从而使其依法定继承方式继承被继承人的遗产。对于法定继承人的范围，各国、各地区一般都以婚姻关系和血缘关系为基础，但是具体范围宽窄不一，主要有两种模式：一种是对血亲继承没有亲等的限制，如在德国，被继承人的直系血亲、旁系血亲都可以成为遗产继承人，而不受亲等的限制。另一种是对血亲继承有亲等的限制，如在意大利，法律不承认超出六亲等以外的血亲享有继承权；在我国台湾地区，对于直系晚辈血亲没有亲等的限制，但是直系尊血亲止于祖父母，旁系血亲止于兄弟姐妹。

根据我国继承法第 10 条的规定，我国法定继承人的范围包括：配偶、子女、父母、兄弟姐妹、祖父母、外祖父母。根据该法第 12 条“丧偶儿媳对公、婆，丧偶女婿对岳父、岳母，尽了主要赡养义务的，作为第一顺序继承人”的规定，对公婆尽了主要赡养义务的丧偶儿媳和对岳父岳母尽了主要赡养义务的丧偶女婿也是法定继承人。

在民法典继承编的编纂过程中，一些意见提出，继承法对法定继承人的范围规定较为狭窄，为了尽量减少无人继承的遗产的出现，建议扩大法定继承人的范围，增加相关主体成为法

定继承人,具体意见有:

1. 增加孙子女、外孙子女为法定继承人

对于是否将孙子女、外孙子女列为法定继承人,有赞成和反对两种意见。

赞成的理由主要有以下几点:(1)将孙子女、外孙子女列为法定继承人,符合民法权利义务相一致的原则。婚姻法规定孙子女、外孙子女在一定条件下有赡养祖父母、外祖父母的义务,但继承法却没有将孙子女、外孙子女规定为法定继承人,权利义务不一致。(2)将孙子女、外孙子女列为法定继承人,更有利于赡养祖父母、外祖父母。(3)中国的习俗是"隔辈亲",被继承人往往愿意将自己的遗产留给孙子女、外孙子女,还可以避免目前把财产赠与孙子女、外孙子女需要缴纳较高税款的问题。(4)从实际情况看,孙子女、外孙子女成为祖父母、外祖父母的法定继承人比后者成为前者的法定继承人更有现实意义。

反对的理由主要有以下几点:(1)婚姻法规定的孙子女、外孙子女对祖父母、外祖父母的赡养为例外情形;(2)孙子女、外孙子女的父母是其祖父母、外祖父母的第一顺序法定继承人,孙子女、外孙子女又是其父母的第一顺序法定继承人,如果孙子女、外孙子女处于未成年或者缺乏劳动能力的状态,法律还规定了父母的抚养义务,没有必要将孙子女、外孙子女列为祖父母、外祖父母的法定继承人;(3)继承法规定了代位继承制度,实质上赋予了孙子女、外孙子女在特殊情形下第一顺序法定继承人的地位。

我们研究认为,将孙子女、外孙子女规定为法定继承人,与代位继承制度相冲突。此外,如果将孙子女、外孙子女列为法定继承人,还需要考虑将其列入哪一个顺序的问题。如果将其列为第一顺序继承人，孙子女、外孙子女如何与同为第一顺序继承人的子女相协调则需要法律作进一步规定，如果孙子女、外孙子女可以同时与子女作为第一顺序继承人继承遗产，那么可能会造成被继承人子女之间的不公平；如果孙子女与外孙子女不能同时与子女作为第一顺序继承人继承遗产，那么需要规定先由子女继承，子女不继承的，才由其子女继承，即参照国外立法例将两者统一规定为“直系晚辈血亲”，并辅之规定“以亲等近者优先”，由于民法典中没有关于“亲等”含义的规定，还需对“亲等”作进一步规定，这不符合法律用语应当简单精练、便于老百姓理解的原则。如果将其列为第二顺序继承人，反倒是削弱了孙子女、外孙子女的继承权，因为第二顺序继承人只有在没有第一顺序继承人继承时，才能继承遗产。为此，民法典继承编没有将孙子女、外孙子女列为法定继承人。

2. 增加侄子女、甥子女、叔伯姑舅姨为法定继承人

对于是否将侄子女、甥子女、叔伯姑舅姨列为法定继承人，在立法过程中有不同意见。

有的意见认为，应当增加侄子女、甥子女、叔伯姑舅姨为法定继承人，并列为第三顺序。主要理由为：(1)继承应当坚持尽量不将遗产收归国家所有的原则，计划生育政策会带来无人继承遗产增多的情况，因此法定继承人范围不宜过窄；(2)侄子女、甥子女、叔伯姑舅姨都属于三代旁系血亲，将这些主体列为第三顺序继承人可以起到兜底作用；(3)可以有一定的限制，如生前对被继承人有照料等。

有的意见认为，应当增加侄子女、甥子女为法定继承人，叔伯姑舅姨不应列为法定继承人。主要理由为：(1)虽然叔伯姑舅姨与侄子女、甥子女都属于三代旁系血亲，但他们属于不同

的亲系,前者属于二代直系血亲衍生的三代旁系血亲,后者属于一代直系血亲衍生的三代旁系血亲,他们的亲疏关系以及继承后对遗产的继续传承有很大区别;(2)当今社会我国核心家庭已占绝大多数,将血缘关系较远,相互没有共同生活、帮扶关系的其他亲属列为法定继承人,其目的只是防止遗产被收归国有或者集体所有,无论从理论上还是政策上都值得商榷。目前,对于没有法定近亲属的人,通过社会保障制度,国家、集体给予的精神关心、物质帮助更多。

有的意见认为,应当保留现有规定。主要理由为:(1)司法机构和公证机构等实务部门认为,现行继承人范围已经基本满足现实需要,没有必要扩大,无人继承的情况非常少;(2)目前独生子女以及婚后不生育的现象增多,客观上反而会导致被继承人没有侄子女、甥子女;(3)现代生活方式使人口流动性加强,被继承人与叔伯姑舅姨、侄子女、甥子女之间往来较少;(4)扩大法定继承人范围,会引发新的继承纠纷。

我们研究认为,法定继承人范围的确定,既要考虑保护公民的私有财产权和发挥遗产养老育幼的功能,又要考虑节约社会资源和发挥遗产的社会效用,因此法定继承人的范围不宜过窄,也不宜过宽。继承法中的法定继承人范围的规定施行三十余年已被社会公众所熟悉,考虑到我国的传统习惯及家庭实际情况,在民法典继承编的编纂过程中既要注意保持法律制度的稳定性,又要回应实践中出现的新情况。针对目前社会上核心家庭多、家庭人口数少等情况,应当适当扩大可以继承财产的人的范围。考虑到侄子女、甥子女即被继承人的兄弟姐妹的子女,与叔伯姑舅姨相比,与被继承人在血缘和情感上更亲密,让侄子女、甥子女继承遗产也符合遗产向晚辈流转的原则,赋予侄子女、甥子女继承财产的权利是合适的,但是这不是必须通过扩大法定继承人的范围才能达成。民法典继承编在规定法定继承人的范围时还是保持了继承法的规定,没有扩大法定继承人的范围,但是在代位继承制度中,将侄子女、甥子女列为代位继承人,即在被继承人的兄弟姐妹先于被继承人死亡时,被继承人的侄子女、甥子女可以代位继承,从而解决了侄子女、甥子女的继承问题,起到了实质上扩大法定继承人范围的效果。法定继承人与代位继承人以外的其他亲属,如果与被继承人之间具有相互扶养的关系,根据本法第1131条规定,也可以分得适当的遗产。

(二)关于法定继承的顺序

法定继承的顺序,是指法律规定的法定继承人继承遗产的先后次序。由于法定继承人通常为多个人,法律需要明确法定继承人之间应当优先取得继承的人选。一般而言,被继承人与继承人之间血缘关系的远近及共同生活关系的密切程度是各国法律确定法定继承顺序的主要依据。法定继承顺序具有优先性和排他性,只有在没有前一顺序的继承人继承时,后一顺序的继承人才能继承遗产。同一顺序的继承人有多人时,原则上平均分配遗产,仅有一人时,则由其单独继承。从各国关于法定继承顺序的规定来看,一般都将被继承人的直系晚辈血亲作为第一顺序继承人,只是在是否有亲等的限制方面有差异。除此以外,各国继承法律在法定继承顺序的多寡、配偶是否有固定继承顺序以及直系尊血亲与旁系血亲之间的优先顺序等方面有所差异。

我国继承法第10条规定了法定继承的顺序:第一顺序为配偶、子女、父母;第二顺序为兄弟姐妹、祖父母、外祖父母。该法

第10条还规定,继承开始后,由第一顺序继承人继承;第二顺序继承人不继承;没有第一顺序继承人继承的,由第二顺序继承人继承。根据该条规定,在继承开始后,由被继承人的配偶、子女、父母继承,只要被继承人的第一顺序继承人中至少有一人继承遗产的,第二顺序继承人就不能继承。在第一顺序继承人中,子女的继承还具有特殊性,如果子女先于被继承人死亡,根据代位继承制度,子女的直系晚辈血亲可以代位继承。例如,被继承人的配偶、子女、父母均已死亡,但还有一个孙女在世的,根据代位继承制度孙女可以代被继承人的子女继承,在这种情况下,视为第一顺序继承人继承,第二顺序继承人不能继承。在没有第一顺序继承人继承时,由第二顺序继承人继承。"没有第一顺序继承人继承"包括该主体不存在、死亡、丧失继承权、放弃继承等情形,在被继承人的配偶、子女、父母都存在上述情形之一,都不能继承,且不存在适用代位继承的情形时,才由第二顺序继承人继承。

民法典继承编保留了继承法第10条关于法定继承顺序的规定。在民法典继承编的编纂过程中,有一些关于法定继承顺序的意见,具体如下:

1. 增加第三顺序继承人

一些意见提出,我国法定继承的顺序只有两个顺序,与其他国家立法例相比顺序过少,建议增加第三顺序。我们研究认为,法定继承顺序的多寡主要与法定继承人范围的宽窄有关,如俄罗斯的法定继承顺序有8个,主要与该国法定继承人范围的宽泛有关。民法典继承编相对于继承法而言,并没有扩大法定继承人的范围,因此也就没有增加第三顺序继承人的必要性。

2. 将父母列为第二顺序继承人

一些意见提出，将父母列在配偶和子女之后作为第二顺序继承人。主要理由为：(1) 如果父母与子女同列为第一顺序，遗产一部分被父母继承，在被继承人的父母死亡时，其部分遗产就由其子女即被继承人的兄弟姐妹继承，最终导致遗产向旁系血亲分散。(2) 这有悖于社会上大多数人内心愿望和长期形成的继承习惯。一般来说，死者总是希望将遗产留给自己的子女并通过他们在自己的直系卑亲属中保持下去，以保证子孙的延续和家庭经济的传承。只有在无直系晚辈血亲时，才会考虑将财产留给父母。(3) 现代社会大多数国家的继承法都规定死者的直系晚辈血亲为第一顺序继承人，以保证遗产尽可能留在死者的直系晚辈血亲家庭内。(4) 从我国民间习惯看，继承法实施三十多年来，很多地区人们的继承习惯仍然是子女优先于父母继承，即在死者有后人时，父母一般不参与遗产继承。(5) 死者的父母如属于年老无劳动能力或者无经济来源不能独立生活的人，死者的子女作为孙辈有义务对祖辈进行扶养，并通过社会保障制度给予一定的养老金或者基本生活费，可以保障其生活，不能将赡养问题与继承问题混为一谈。

反对的意见认为，若将父母规定为子女与配偶之后的第二顺序法定继承人，他们实际上很难得到子女的遗产。在我国家庭少子化的背景下，父母在子女成家立业时基本倾其所有将财产赠与子女，如果在子女死亡时父母无法继承，不仅不公平合理，其心理也无法接受，并且今后的养老也会成为问题。当前，我国的人口结构已经进入老龄化阶段，因此必须重视对老年人合法权益的保护，现时我国对老年人的社会保障制度还是有不够完善的地方，尤其是农村的社会保障制度更弱，因此，规定父母为第一顺序法定继承人,使其能够取得遗产养老,也有助于解决我国人口老龄化问题,缓解整个社会的沉重压力。

我们认为,继承方面的法律深受民族传统和价值理念的影响,在中华民族的传统美德中孝文化占据着重要地位,先于父母死亡的人一般都希望能为父母留下一笔财产以供他们安度晚年,而法定继承制度是对被继承人财产处分意愿的推定,在确定法定继承的顺序时,父母的重要性不容忽视。继承法施行三十多年来,父母为第一顺序继承人的规定得到民众的普遍认可,应当慎重考虑是否修改,以免引起更多的争议。为此,民法典继承编保留了继承法的规定。

3. 将配偶作为无固定继承顺序的法定继承人

一些意见提出,在继承法规定的法定继承顺序的基础上,将配偶列为无固定继承顺序的继承人,与任何一顺序的法定继承人共同继承,其他法定继承人顺序越远,配偶的继承份额就越大。比如,有的学者建议:配偶与第一顺序继承人(子女)共同继承时,应继份为遗产的1/2;与第二顺序继承人(父母)共同继承时为遗产的2/3;与第三顺序继承人(兄弟姐妹、祖父母、外祖父母)共同继承时为遗产的3/4;无第三顺序继承人时,配偶独自继承全部遗产。主要理由为:(1)血亲继承人是基于与被继承人的血缘关系继承,配偶是基于婚姻关系继承,血缘关系不可改变,而婚姻关系可因离婚解除,这是配偶与其他法定继承人的区别。(2)继承法将配偶与子女、父母同列为第一顺序继承人显然也注意到了配偶的重要性,但这并不一定能更好地保护配偶的利益,当被继承人有子女和父母时,遗产按照第一顺序继承人的人数均分时,配偶得到的遗产较少,这与被继承人的意愿往往不符。(3)可以同时兼顾配偶与血亲继承人的继承权。当被继承人无直系晚辈血亲和父母继承时,配偶将继承全部遗产,这会妨碍被继承人的其他血亲尤其是兄弟姐妹、祖父母、外祖父母等关系密切的血亲继承权的行使,也往往不符合被继承人的意愿,可能会带来一些家庭矛盾。毕竟兄弟姐妹、祖父母、外祖父母曾经与被继承人共同生活,亲情较重,尤其在婚姻关系短暂的情形下,表现得更为明显。

我们研究认为,夫妻是构成家庭这一社会细胞的基本要素,他们之间虽然没有血缘关系,但相互之间感情最为密切,在经济上一般不分彼此、财产共有,在精神上相互慰藉、相互扶持,为终身的伴侣和依靠。在我国,配偶之间在共同生活中所尽相互扶助义务,也往往超过其他第一顺序继承人。因此,无论从亲属关系的亲疏远近,还是从扶养关系的密切程度上,我国继承法将配偶作为第一顺序法定继承人理所当然。如果不将配偶固定在第一顺序,易产生被继承人死亡后没有子女、父母时,所留遗产便由配偶和与被继承人经济联系不是很密切的兄弟姐妹等共同继承,虽然也可以规定彼此间继承份额的不同,但终究不算合理,也容易产生纠纷。对于被继承人有子女和父母,遗产按照第一顺序继承人的人数均分时,配偶取得的遗产份额较少的问题,我们认为,继承遗产的份额在同一顺序的继承人之间平均分配的原则,虽然会产生继承人较多时每个人分配的遗产份额较少的问题,但是这使与被继承人具有同等亲密关系的同一顺序继承人都分配到均等的遗产,体现同一顺序继承人之间继承权的平等,符合公平原则。为此民法典继承编在规定配偶的继承顺序时保留了继承法的规定。

（三）对子女、父母和兄弟姐妹的界定

本法婚姻家庭编第 3 章第 2 节“父母子女关系和其他近亲

属关系”规定了父母与子女之间以及近亲属之间的权利义务关系,第 5 章第 2 节“收养的效力”规定了养子女与养父母、生父母及其他近亲属之间的权利义务关系。婚姻家庭编是从权利义务关系的角度对父母子女关系和其他近亲属关系作了规定。由于在法定继承中需要明确哪些人可以继承遗产,因此需要在继承编中对子女、父母和兄弟姐妹的具体范围作出界定,继承编规定的子女、父母和兄弟姐妹的范围有其特殊性,因此这些界定子女、父母和兄弟姐妹的范围的规定只适用于因继承产生的民事关系中。

1. 子女

对于子女范围的界定,本条第 3 款规定:“本编所称子女,包括婚生子女、非婚生子女、养子女和有扶养关系的继子女。”

子女作为被继承人最亲近的直系晚辈血亲,各国都规定其为第一顺序继承人,但是各国对子女范围的界定有所不同。一般而言,子女既包括亲生子女,又包括非亲生子女。亲生子女包括婚生子女与非婚生子女,非亲生子女包括养子女和继子女。出于对子女权利平等原则的遵循,现代国家一般都规定了婚生子女、非婚生子女和养子女都享有平等的继承权。对于继子女而言,一些国家认为继子女与继父母之间互不享有继承权。

在我国,对于非婚生子女,本法婚姻家庭编第 1071 条规定,非婚生子女享有与婚生子女同等的权利,任何组织或者个人不得加以危害和歧视。对于养子女,婚姻家庭编第 1111 条中规定,自收养关系成立之日起,养父母与养子女间的权利义务关系,适用本法关于父母子女关系的规定。对于继子女,婚姻家庭编第 1072 条第 2 款规定,继父或者继母和受其抚养教育的继子女间的权利义务关系,适用本法关于父母子女关系的规定。根据婚姻家庭编的上述规定可以得出,非婚生子女与其生父母、养子女与其养父母、受继父或者继母抚养教育的继子女与其继父母的权利义务关系与婚生子女与其父母的权利义务关系没有区别,根据本法第1070条“父母和子女有相互继承遗产的权利”的规定,非婚生子女、养子女、受继父或者继母抚养教育的继子女可以继承其生父母、养父母和继父母的遗产。需要说明的是,继承编界定的子女的范围,要比婚姻家庭编的规定宽泛,因为继承编的规定为“有扶养关系的继子女”,这既包括继子女受继父母抚养的情形,也包括继子女赡养继父母的情形。根据婚姻家庭编的规定,只有在继子女受到继父母抚养时,才可以适用父母子女之间的权利义务关系。如果一个继子女在未成年时期并未受其继父母的抚养,但是其对继父母进行了赡养,虽然按照婚姻家庭编该继子女与继父母之间不适用父母子女之间的权利义务关系的规定,但是按照继承编的规定,该继子女可以被认定为其继父母的子女,具有第一顺序继承人的地位,这也符合权利义务相一致的原则。

2. 父母

对于父母范围的界定,本条第4款规定:“本编所称父母,包括生父母、养父母和有扶养关系的继父母。”

父母是被继承人最亲近的直系尊血亲,民法典婚姻家庭编规定父母和子女有相互继承遗产的权利,子女有权继承父母的遗产,父母也有权继承子女的遗产。根据婚姻家庭编的规定,生父母与其非婚生子女、养父母与其养子女、继父母与受其抚养教育的继子女的权利义务关系适用父母子女关系的规定。需要说明的是,继承编界定的父母的范围,要比婚姻家庭编的规定宽泛,因为继承编的规定为“有扶养关系的继父母”,这既包括继父母抚养继子女的情形,也包括继父母被继子女赡养的情形。前一种情形根据婚姻家庭编可以适用父母子女关系的规定,后一种情形中如果继子女在未成年时期并未受到继父母的抚养,但其仍赡养继父母的,按照婚姻家庭编该继父母与继子女之间不适用父母子女之间的权利义务关系的规定,但是按照继承编的规定,该继父母可以被认定为该继子女的父母,具有第一顺序继承人的地位。这主要是考虑到与被继承人形成扶养关系的继父母,彼此间有较多的感情和金钱投入,在被继承人死亡后,扶养将无法进行,留有一定的遗产继续对其继父母进行扶养也符合被继承人的意愿。

3. 兄弟姐妹

对于兄弟姐妹范围的界定,本条第 5 款规定:"本编所称兄弟姐妹,包括同父母的兄弟姐妹、同父异母或者同母异父的兄弟姐妹、养兄弟姐妹、有扶养关系的继兄弟姐妹。"

兄弟姐妹是被继承人最近的旁系血亲,各国一般都规定了兄弟姐妹之间相互继承的权利。对于同父异母或者同母异父的兄弟姐妹,大多数国家规定其与同父母的兄弟姐妹继承顺序相同、继承份额也相同,但也有一些国家的立法例规定其继承顺序劣后于同父母的兄弟姐妹,如英国;或者是虽然处于同一继承顺序,但是继承份额与同父母的兄弟姐妹不同,如日本的立法规定同父异母或者同母异父的兄弟姐妹的继承份额为同父母的兄弟姐妹的继承份额的 1/2。对于养兄弟姐妹,因收养关系的成立产生法律拟制的血缘关系,亲生子女与养子女之间,也是兄弟姐妹。对于继兄弟姐妹,现代国家大多不承认相互之间的继承权,认为继兄弟姐妹之间不存在血缘关系。本编承认"有扶养关系的继兄弟姐妹"享有继承权,这既包括受被继承人生前扶养的继兄弟姐妹，也包括扶养被继承人的继兄弟姐妹。根据本条规定，同父母的兄弟姐妹、同父异母或者同母异父的兄弟姐妹、养兄弟姐妹、有扶养关系的继兄弟姐妹都被认定为被继承人的兄弟姐妹，平等地享有第二顺序继承人的地位。

第一千一百二十八条　被继承人的子女先于被继承人死亡的，由被继承人的子女的直系晚辈血亲代位继承。

被继承人的兄弟姐妹先于被继承人死亡的，由被继承人的兄弟姐妹的子女代位继承。

代位继承人一般只能继承被代位继承人有权继承的遗产份额。

【释义】　本条是关于代位继承的规定。

代位继承制度是法定继承中的一项重要制度，对于保障遗产在各支系中合理分配、实现财产的传承、发挥遗产育幼功能等方面具有重大作用。代位继承也被称为"间接继承"，是相对于本位继承而言，指具有法定继承权的人因主客观原因不能继承时，由其直系晚辈血亲按照该继承人的继承地位和顺序，继承被继承人遗产的制度。在代位继承中，具有法定继承权的人称为被代位继承人；按照被代位继承人的地位和顺序继承遗产的人称为代位继承人。关于代位继承的法律性质，存在两种学说：一种是代表权说，另一种是固有权说。代表权说认为，代位继承是代位继承人代表被代位继承人参加继承，行使被代位继承人的权利，取得被代位继承人应当继承的遗产份额。因此，代位继承权是基于被代位继承人享有的继承权而派生的权利，在被代位继承人丧失或者放弃继承权的情况下,不能再由他人代位继承。固有权说认为,代位继承权是法律赋予代位继承人的固有权利,并不是基于被代位继承人的继承权而继承。因此,只要被代位继承人不能继承,代位继承人就可以代位继承。

我国继承法第11条规定了代位继承制度,即:被继承人的子女先于被继承人死亡的,由被继承人的子女的晚辈直系血亲代位继承。代位继承人一般只能继承他的父亲或者母亲有权继承的遗产份额。民法典继承编在继承法第11条的基础上作了修改完善,我国的代位继承制度有以下主要特征。

(一)代位继承的发生原因为被代位继承人先于被继承人死亡

本法规定的代位继承的发生原因为被代位继承人先于被继承人死亡,主要有两种情况:一种是被继承人的子女先于被继承人死亡,另一种是被继承人的兄弟姐妹先于被继承人死亡。在这里,死亡既包括自然死亡也包括宣告死亡。

对于代位继承的发生原因,主要有三种立法例:一是仅以被代位继承人先于被继承人死亡为代位继承发生的唯一原因;二是以被代位继承人先于被继承人死亡或者丧失继承权为发生代位继承的原因;三是以被代位继承人先于被继承人死亡、丧失继承权或者放弃继承为发生代位继承的原因。在民法典继承编的编纂过程中,一些意见认为,继承法规定的代位继承的发生原因种类单一,建议增加继承人丧失继承权和放弃继承作为代位继承发生的原因。

1. 关于继承人丧失继承权作为代位继承发生的原因

一些意见提出,在继承人丧失继承权时,也应当适用代位继承。主要理由为:(1)代位继承权的性质应当采用固有权说,代位继承人取得代位继承权是法律基于其与被继承人的特殊血缘关系而赋予的固有权利，不应依被代位继承人的权利状况而定；(2)因被继承人子女的违法或犯罪行为，而让被继承人的孙子女、外孙子女等承担不能继承被继承人遗产的不利后果，有失公允，不符合自己责任原则；(3)被代位继承人丧失继承权就不能适用代位继承，不利于被继承人晚辈血亲利益的保护，不利于发挥遗产育幼的作用；(4)1985 年颁布的继承法的法定继承人范围较窄，我国因实行计划生育政策家庭人口结构简单，如果被继承人的子女丧失继承权，其孙子女、外孙子女又不能代位继承的，容易导致遗产向旁系流转或者成为无人继承的遗产，不利于被继承人个人财产的保护。

也有一些意见反对将继承人丧失继承权作为代位继承发生的原因，主要理由有以下两个方面。(1)丧失继承权分为相对丧失继承权和绝对丧失继承权。在继承人相对丧失继承权时，可以通过被继承人的宽宥恢复继承权，继承人的子女可以通过继承人间接取得继承利益，或者在继承人先于被继承人死亡时代位继承。在绝对丧失继承权或者在相对丧失继承权但被继承人不宽宥的情形中，如果允许代位继承，那么因继承人实施违法行为而受到惩罚的作用就无法实现，尤其是很大部分代位继承人为未成年人，被代位继承人仍可以利用自己与代位继承人的血亲关系，实际取得和利用遗产。这违背了法律规定的丧失继承权制度的目的和被继承人的意愿。(2)导致丧失继承权的行为，尤其是继承人故意杀害被继承人、为争夺遗产而杀害其他继承人的，都是非常严重的刑事犯罪，无论是人伦还是法理都没有宽容的余地。丧失继承权的继承人所在的一支与被继承人和其他继承人的情感联系因他的行为而受到破坏，如果允许代位继承,遗产仍落入这一支,这不能使继承人得到教训,容易助长忤逆的风气,也会使其他支系感到不公平。维护某一支系的利益不应当与公平正义相悖。

我们研究认为,在确定代位继承的发生原因时,要综合考虑被继承人的意愿、遗产应发挥的功能、公序良俗等多方面的因素,允许继承人在丧失继承权时可以由其直系晚辈血亲代位继承,违背丧失继承权制度的目的,容易引发道德风险,也不符合社会公众关于公平正义的期待。对于丧失继承权的继承人的直系晚辈血亲,还可以通过本法第1131条的酌分遗产请求权以及被继承人立遗嘱的方式,分给其一定的遗产。为此,民法典继承编保留了继承法的规定,没有将继承人丧失继承权作为代位继承的发生原因。

2. 关于继承人放弃继承作为代位继承发生的原因

还有一些意见提出,对继承人放弃继承的,也应当适用代位继承。这些意见主要以代位继承的法律性质应当采固有权说为基础,认为继承人放弃继承的,效力应仅限于当事人本身,而不应影响到代位继承人固有的权利,否则不利于代位继承人的保护,不利于发挥遗产的育幼功能。我们认为,在继承开始后,继承人放弃继承的,并不是客观上不能行使继承权,而是对自己权利的一种处分,法律应当尊重当事人的选择。如果允许代位继承,可能违背继承人的意愿,也容易产生纠纷。为此,民法典继承编没有将继承人放弃继承作为代位继承发生的原因。

(二)被代位继承人为被继承人的子女或者兄弟姐妹

本法规定的被代位继承人的范围为被继承人的子女或者兄弟姐妹,根据本法第1127条的规定,子女包括婚生子女、非婚生子女、养子女和有扶养关系的继子女,兄弟姐妹包括同父母的兄弟姐妹、同父异母或者同母异父的兄弟姐妹、养兄弟姐妹、有扶养关系的继兄弟姐妹。

继承法规定的代位继承制度中，被代位继承人仅限于被继承人的子女，代位继承人仅限于被继承人子女的直系晚辈血亲。虽然该规定保障了遗产向被继承人的直系晚辈血亲流转，但是考虑到一些意见认为我国法定继承人的范围狭窄，不利于遗产的流转，容易导致遗产因无人继承而收归国家或者集体所有，因此，有必要扩大被代位继承人的范围。但是也不能无限制地扩大被代位继承人的范围，否则容易导致遗产分配给与被继承人情感联系不密切的人，使遗产过多地向较远的旁系扩散。一般来说，兄弟姐妹是被继承人血缘关系最近的旁系血亲，兄弟姐妹从小共同生活多年，具有深厚的情感基础，在一定情况下还能尽扶养扶助义务，而兄弟姐妹的子女即被继承人的侄子女、甥子女，与被继承人在血缘和情感上有较为紧密的联系，现实生活中对于无子女的叔伯姑舅姨，往往由其侄子女、甥子女给予精神慰藉与生活帮助，让侄子女、甥子女继承遗产符合遗产向晚辈流转的原则，也符合民间传统上继承遗产的习惯。赋予侄子女、甥子女继承财产的权利是合适的，但是这不是必须通过将其列为法定继承人才能达成，也可以通过赋予侄子女、甥子女代位继承的权利间接起到扩大法定继承人范围的效果。为此在编纂民法典继承编的过程中，扩大了被代位继承人的范围，被继承人的兄弟姐妹也可作为被代位继承人，在其先于被继承人死亡时，其子女可以代位继承。

（三）代位继承人为被继承人的子女的直系晚辈血亲或者被继承人的兄弟姐妹的子女

本法规定的代位继承人的范围为被继承人的子女的直系

晚辈血亲或者被继承人的兄弟姐妹的子女。在这里需要注意两点。一是被继承人的子女的代位继承人与被继承人的兄弟姐妹的代位继承人的亲等限制有所不同。被继承人的子女的代位继承人为其直系晚辈血亲,即被代位继承人的子女、孙子女、外孙子女、曾孙子女、外曾孙子女等,不受辈份的限制,但是在代位继承时以亲等近者优先。被继承人的兄弟姐妹的代位继承人仅限于其子女,这主要是由于兄弟姐妹属于旁系血亲,如果将旁系血亲的代位继承人的范围规定得过于宽泛,就会使与被继承人没有太多血缘以及情感联系的人取得遗产,因此要对旁系血亲的代位继承人采取限制,根据本条规定旁系血亲的代位继承人仅限于被继承人的侄子女、甥子女。二是代位继承人要根据被代位继承人的地位和顺序继承遗产。被继承人的子女为第一顺序继承人,因此被继承人的子女的直系晚辈血亲在代位继承时是以第一顺序继承人的身份参与继承,在有其他第一顺序继承人时与他们共同继承,在没有其他第一顺序继承人时独自继承,第二顺序继承人不继承。被继承人的兄弟姐妹为第二顺序继承人,因此被继承人的兄弟姐妹的子女在代位继承时是以第二顺序继承人的身份参与继承,只有在没有第一顺序继承人继承,也没有被继承人的子女的直系晚辈血亲代位继承时,才能根据法律规定代位继承。

(四)代位继承的份额一般为被代位继承人有权继承的遗产份额

代位继承的份额是指代位继承人通过代位继承的方式能够取得的遗产份额。本法规定代位继承人一般只能继承被代位继承人有权继承的遗产份额,即被代位继承人如果健在时能继承多少份额,代位继承人也一般只能继承多少份额。假设被继承人有一个儿子和一个女儿，其父母、配偶、儿子均先于该被继承人死亡，其儿子留有一儿一女，在一般情况下，被继承人的儿子和女儿有权继承的遗产份额为各一半。由于被继承人的儿子先于被继承人死亡，被继承人的孙子、孙女可以代位继承，此时该孙子和孙女只能共同代位继承其父亲有权取得的遗产份额，即共同取得被继承人 1/2 的遗产。这种继承份额的分配方式保护了其他第一顺序继承人的利益，也保障了被继承人的子女各支系之间的平等，体现了按支继承的原则。

代位继承人只能继承被代位继承人有权继承的遗产份额为一般原则，在存在法律规定的多分、少分或者不分等情形时，其继承遗产的份额可能会有所变化，因此本法规定“代位继承人一般只能继承被代位继承人有权继承的遗产份额”。

第一千一百二十九条　丧偶儿媳对公婆，丧偶女婿对岳父母，尽了主要赡养义务的，作为第一顺序继承人。

【释义】　本条是关于尽了主要赡养义务的丧偶儿媳、丧偶女婿的继承地位的规定。

继承法第 12 条规定，丧偶儿媳对公、婆，丧偶女婿对岳父、岳母，尽了主要赡养义务的，作为第一顺序继承人。1985 年颁布的《最高人民法院关于贯彻执行〈中华人民共和国继承法〉若干问题的意见》第 29 条规定，丧偶儿媳对公婆、丧偶女婿对岳父、岳母，无论其是否再婚，依继承法第 12 条规定作为第一顺序继承人时，不影响其子女代位继承。据此，对公、婆尽了主要赡养义务的丧偶儿媳和对岳父、岳母尽了主要赡养义务的丧偶女婿，属于法定继承人，并且为第一顺序继承人。

在民法典继承编的编纂过程中，对于这一规定争议较大，主要有三种意见。

（一）废除说

有的意见认为，应当取消这一规定。首先，法定继承人一般为配偶和有血缘关系的亲属，儿媳与公婆、女婿与岳父母是姻亲关系，姻亲不应当属于法定继承人，这为古今中外继承法的普遍做法。其次，立法的本意是鼓励赡养老人，此条规定也发挥过实际作用，对老人的赡养有一定的保障。但无论丧偶与否，儿媳对公婆、女婿对岳父母在法律上都无赡养义务，通过立法来规范本属于道德范畴的问题不科学。再次，在被继承人没有负有法定义务的赡养人时，被继承人生前的赡养可以通过遗赠扶养协议等途径解决。即使被继承人生前不能自行解决养老问题，也应当由国家负责。目前我国社会保障制度已经建立并且将不断完善，已经有能力负担需要帮助的公民的养老问题。最后，丧偶儿媳和丧偶女婿基于此条规定成为法定继承人，同时他们的子女可以根据代位继承的规定参与继承，这样，丧偶一方就可以取得两份遗产，对被继承人的其他子女有失公平。有的建议，对丧偶儿媳、丧偶女婿的继承问题，可以通过酌情分给适当遗产的方式解决，即适用本法第1131条"对继承人以外的依靠被继承人扶养的人，或者继承人以外的对被继承人扶养较多的人，可以分给适当的遗产"的规定。根据丧偶儿媳、丧偶女婿的赡养情况分给他们适当的遗产，足以保护他们的正当利益。

（二）保留说

有的学者认为，这一规定应当予以保留。第一，法定继承人范围的确定，是立法政策选择的结果，要与本国现实生活和民众继承观念相适应。继承法的这一规定在实践中效果很好，广受好评，不能因为其他国家没有规定就加以废弃。第二，恰恰是因为儿媳、女婿对公婆、岳父母在法律上并没有赡养义务，法律为了鼓励他们赡养公婆、岳父母，才规定其为法定继承人。第三，我国的人口结构正在逐渐步入老龄化阶段，而养老社会保障制度又显然不是短时间内就可以完善的。这在客观上要求我们在完善社会保障制度的同时寻求其他应对手段。赋予丧偶儿媳、丧偶女婿以继承权，可以起到激励作用，达到更好地赡养老人的目的。第四，丧偶儿媳、丧偶女婿要成为法定继承人，是有严格的条件限制的：一是在时间上，要对公婆或者岳父母有长期性、经常性的赡养，直至其身故；二是在程度上，这种赡养是公婆或者岳父母的主要生活支柱。满足这两个要求的丧偶儿媳、丧偶女婿作为第一顺序继承人参加继承，完全合情合理。第五，如果被继承人有多个子女，儿媳、女婿在丧偶的情况下不仅承担起养育子女的责任，还对被继承人尽了主要赡养义务，而被继承人的其他子女却只承担了次要赡养义务甚至不尽赡养义务，那么在继承财产时有所差别也符合公平原则。

（三）折中说

有的学者认为，继承法的这一规定虽不尽合理，但为了达到赡养老人、淳化社会风俗的目的，又确有保留的必要，可以作一定修改，建议修改为：丧偶儿媳对公、婆，丧偶女婿对岳父、岳母，尽了主要赡养义务，没有代位继承人的，作为第一顺序继承人；有代位继承人的，可以分给他们适当的遗产。

我们研究认为，法定继承人一般与被继承人存在血亲、婚姻关系，继承法除了高度重视这两种关系以外，还高度重视扶养关系在继承中所起的作用。尽了主要赡养义务的丧偶儿媳和丧偶女婿可以作为第一顺序继承人参与继承,这被认为是我国继承法法定继承制度中的一个重要特色,这一规定符合社会主义核心价值观,符合中华民族传统家庭美德和公序良俗,有利于弘扬优良家风,促进家庭内部互助友爱、团结和睦,使老年人能够老有所养。同时,这一规定也充分符合权利义务相一致的原则。在相关的调研活动中,基层群众普遍认为这一规定在实践中效果很好,具有倡导性作用,应当坚持。为此,民法典继承编对继承法中关于尽了主要赡养义务的丧偶儿媳、丧偶女婿的继承地位的规定予以保留。

第一千一百三十条　同一顺序继承人继承遗产的份额,一般应当均等。

对生活有特殊困难又缺乏劳动能力的继承人,分配遗产时,应当予以照顾。

对被继承人尽了主要扶养义务或者与被继承人共同生活的继承人,分配遗产时,可以多分。

有扶养能力和有扶养条件的继承人,不尽扶养义务的,分配遗产时,应当不分或者少分。

继承人协商同意的,也可以不均等。

【释义】　本条是关于法定继承中遗产份额的分配原则的规定。

根据本法关于法定继承人的范围和继承顺序的规定,第一顺序继承人为配偶、子女、父母、对公婆尽了主要赡养义务的丧偶儿媳和对岳父母尽了主要赡养义务的丧偶女婿;第二顺序继承人为兄弟姐妹、祖父母、外祖父母。如果能够继承遗产的法定继承人只有一人,就由该法定继承人继承全部遗产,不会发生遗产份额的分配问题。但是如果存在多个同一顺序的法定继承人,就应当确定同一顺序的多个法定继承人之间所应继承的遗产份额,这就涉及法定继承中遗产份额的分配问题,即法定应继份制度。法定应继份,是指多个法定继承人在继承过程中依法分配遗产时,法律规定其应当取得的遗产份额。关于法定应继份,主要有两种立法例:一种为不区分血亲继承人和配偶继承人,同一顺序的法定继承人应继份均等;另一种是区分血亲继承人和配偶继承人作不同的规定,同一顺序的血亲继承人应继份均等,对于配偶继承人的应继份作特别规定。

继承法在规定继承人应当取得的遗产份额时未区分血亲继承人和配偶继承人,同一顺序的法定继承人继承遗产的份额一般应当均等。按照继承法第 13 条的规定,对于法定继承中遗产份额的分配应当遵循以下原则:

(一)一般情况下同一顺序继承人继承遗产的份额应当均等

继承法第 13 条第 1 款规定:"同一顺序继承人继承遗产的份额,一般应当均等。"本条为法定继承中分配遗产份额应当遵循的一般原则,即遗产按照同一顺序继承人的人数平均分配,各继承人取得的遗产份额均等,不因性别、年龄、婚否等因素而有所不同。继承权主要是基于婚姻关系与血缘关系而产生,同一顺序的继承人之间继承权是平等的,不应有所差异,继承遗产的份额均等是对继承权平等原则的体现。

(二)特殊情况下同一顺序继承人继承遗产的份额可以不均等

继承法第 13 条第 2 款至第 5 款规定了在某些特殊的情况下,同一顺序继承人继承遗产的份额可以不均等,主要有以下四种情况：

（1）对生活有特殊困难的缺乏劳动能力的继承人，分配遗产时，应当予以照顾。这一规定体现出遗产在被继承人死亡后起到继续扶养继承人的功能，同时也体现了我国家庭成员之间团结互助的优良传统。应当予以照顾的继承人必须同时满足以下两个条件：一是生活有特殊困难，而不是有一般困难，例如，继承人生活上没有独立的经济来源或者经济收入难以维持当地最低生活水平而导致生活有特殊困难；二是缺乏劳动能力，根本无法通过参加劳动改变生活困难的局面，而不是劳动能力不强。对于生活有特殊困难的缺乏劳动能力的继承人，在分配遗产时，继承法规定"应当予以照顾"，这实际上也为其他继承人在分配遗产时施加了对该继承人予以照顾的义务。

（2）对被继承人尽了主要扶养义务或者与被继承人共同生活的继承人，分配遗产时，可以多分。对被继承人尽了主要扶养义务的继承人是指对被继承人在经济上提供主要来源或者在生活上给予主要照顾的继承人，在分配遗产时给予这类继承人适当倾斜，有利于鼓励尊老养老，也符合权利义务相一致原则和公平原则。与被继承人共同生活的继承人，相较其他继承人而言，与被继承人在经济上、生活上、情感上存在更为密切的关系，彼此之间具有扶养关系，因此也可以多分遗产，这也一般符合被继承人的意愿。但是，与被继承人共同生活，有扶养能力和扶养条件却对需要扶养的被继承人不尽扶养义务的，则不适用这一规定。

（3）有扶养能力和有扶养条件的继承人，不尽扶养义务的，分配遗产时，应当不分或者少分。对于这类继承人不分或者少分遗产必须符合以下两个条件。一是继承人有扶养能力和扶养条件。如果继承人自身无生活来源或者缺乏劳动能力等,根本不具备扶养被继承人的能力和条件,则不属于应当不分或者少分遗产的情形。二是继承人不尽扶养义务。继承人是否尽到了扶养义务一般是从客观上来判断,但是实践中也存在继承人有扶养能力和扶养条件,愿意尽扶养义务,但是被继承人因有固定收入和劳动能力,明确表示不要求其扶养的情形。在这种情况下,尽管继承人客观上并没有扶养被继承人,但是在分配遗产时,一般不应当以此为依据对该继承人不分或者少分遗产。如果被继承人生前需要继承人扶养,继承人有扶养能力和扶养条件却不尽扶养义务,不仅违反公序良俗原则,而且还违反法律的规定,情节严重的甚至可能构成遗弃、虐待被继承人的刑事犯罪,对这部分继承人,应当不分或者少分遗产,情节严重的还应当丧失继承权。

(4)继承人协商同意的,也可以不均等。法定继承人之间互谅互让、和睦团结的精神,可以协商分配被继承人的遗产。我国继承法充分尊重当事人之间的意思自治。各法定继承人经协商一致,同意不均分遗产的,继承份额也可以不均等。

在民法典继承编的编纂过程中,对于继承法规定的法定继承中遗产份额的分配原则大多持肯定意见,认为这一规定基于继承权平等的原则,规定继承份额原则上应当均等,同时在具体分配遗产时,考虑到那些特别需要遗产的人以及对被继承人所尽义务较多的人,防止了绝对平均主义,体现出真正的公平保护。坚持了原则性和灵活性的结合,既符合我国的实际情况,又符合被继承人的愿望,有利于发扬中华民族的优良传统,促进家庭和睦团结。为此,民法典继承编沿袭了继承法第13条关于法定继承中遗产份额的分配原则。

在立法过程中,对该条也有一些修改完善的意见,主要集中在是否修改配偶应当继承的遗产份额方面。一些意见提出,同一顺序的血亲继承人之间均等分配遗产份额是正确的,但是从现代继承法的动向来看,配偶应当继承的遗产份额有逐渐增大的趋势,建议将配偶作为不固定顺序的继承人,与不同顺序的血亲继承人共同继承遗产时按照不同的比例继承遗产,参与共同继承的血亲继承人的顺序越往后,配偶继承遗产份额的比例就越大。主要理由为:配偶与同一顺序继承人均等继承的立法例,没有考虑血亲继承人的数量问题,如果同一顺序中与配偶共同继承的血亲继承人数量很多,配偶继承的份额就会很少,这不利于保障配偶的继承权。我们研究认为,第一顺序继承人中的子女、父母,均与被继承人有着最直接的血亲关系,该问题本质上是血亲关系和夫妻关系在继承利益上的比较和平衡问题。事实上,很难认定夫妻关系比这种直接的血亲关系对被继承人更重要,更无法认定配偶与被继承人的子女和父母共同继承遗产、份额均等即为不利于保障配偶的继承权。此外,配偶法定应继份的制度设计,还要结合夫妻财产制来综合考虑,才能既保护配偶的继承权,又不侵害血亲继承人的利益。我国的法定夫妻财产制为婚后所得共有制,民法典第 1153 条规定,夫妻共同所有的财产,除有约定的外,遗产分割时,应当先将共同所有的财产的一半分出为配偶所有,其余的为被继承人的遗产,该制度本身已经较好地保障了生存配偶的继承权。如果配偶与第一顺序继承人共同继承遗产时再对配偶应当继承的份额规定一个固定的比例,被继承人的子女和父母只能就剩下的遗产按照人数均等分配,就可能造成在保护配偶继承权时,损害被继承人直系尊血亲和直系晚辈血亲的利益。现行的关于配偶继承顺序和份额的规定较好地平衡了配偶和血亲之间的继承利益,因此本法没有对配偶应当继承的遗产份额作出修改。

第一千一百三十一条　对继承人以外的依靠被继承人扶养的人,或者继承人以外的对被继承人扶养较多的人,可以分给适当的遗产。

【释义】　本条是关于对继承人以外的与被继承人之间具有扶养关系的人分给适当遗产的规定。

法定继承制度具有身份性的特征,一般将被继承人的遗产分配给与被继承人具有血缘关系、婚姻关系的人。然而,如果将继承活动仅仅限定在有一定的血缘关系、婚姻关系的人之间,有时可能会出现不公平的局面,特别是如果与被继承人形成扶养关系的人并不属于继承人,即使其与被继承人有非常密切的经济、生活和情感上的联系,在被继承人没有订立遗嘱的情况下,不得继承任何遗产。为了避免上述不公平的情形,一些国家和地区的立法例规定了继承人之外的人,特别是与被继承人形成扶养关系的人可以在一定条件下分得适当的遗产。例如,我国台湾地区"民法"第1149条规定,被继承人生前继续扶养之人,应由亲属会议依其所受扶养之程度及其他关系,酌给遗产。《日本民法典》第958条之三规定,于前条场合,如认为相当时,家庭法院得因与被继承人共同生活的人、努力于被继承人治疗和护理的人及其他与被继承人有特别关系的人的请求,对该人等分与清算后剩余继承财产的全部或一部分。一些学者将这种制度称为酌给遗产制度,该制度对法定继承制度作了补充,使得法定继承人之外的与被继承人之间形成扶养关系、共同生活关系等的人能够基于此项制度获得被继承人的遗产。

我国继承法第14条规定,对继承人以外的依靠被继承人扶养的缺乏劳动能力又没有生活来源的人,或者继承人以外的对被继承人扶养较多的人,可以分给他们适当的遗产。在民法典继承编的编纂过程中,多数意见认为对继承人以外的与被继承人之间具有扶养关系的人分给适当遗产的制度具有重要的意义和价值,应当予以保留。主要理由为以下五个方面:

(1)该制度符合民众的传统习惯和家庭伦理道德,有利于鼓励民间扶养,发扬我国养老育幼、互助互爱的传统美德。

(2)该制度使扶养扶助在被继承人死亡后仍得以延续,不会使相关人员立即丧失对原有生活的依靠,保障家庭、社会的健康稳定发展。

(3)该制度是法律对被继承人意思推定的结果。被继承人死后,依照一般伦理道德、社会风俗,法律推定被继承人愿意继续用遗产维持被他扶养的人的生活或者报答扶养他的人,符合被继承人的个人意志。

(4)该制度客观上扩大了遗产受益人的范围。如果被继承人没有法定继承人,但是有互相扶养的人,可以适当分给依靠他扶养或者扶养他的人,避免遗产全部收归国有。

(5)该制度在实践中有需求。在我国,民间形成事实上亲属关系的情况比较多,例如,未办理结婚登记的同居异性伴侣。人们也愿意将遗产留给一定的事实关系中的人员。为此,民法典继承编第1131条规定:“对继承人以外的依靠被继承人扶养的人,或者继承人以外的对被继承人扶养较多的人,可以分给适当的遗产。”

对于该条规定，要从以下几个方面进行理解：

（一）可以分给适当遗产的人为继承人以外的人

本条的宗旨即在于创造一种新的遗产取得方式，使继承人以外的其他人基于正义、扶助的理念获得一定数量的遗产，因此可以分给适当遗产的人为继承人以外的人。

（二）可以分给适当遗产的条件为继承人以外的人与被继承人之间具有扶养关系

不是继承人的人，只要其与被继承人之间具有扶养关系，可以依据本条规定分得适当的遗产。与被继承人之间具有扶养关系，既包括依靠被继承人扶养的情形，也包括对被继承人扶养较多的情形。在这里，“扶养”指提供经济来源、劳务帮助等方面的扶助，包括扶养、抚养、赡养三种类型。

在民法典继承编的编纂过程中，有的意见提出，应当对扶养关系的程度作出规定，以在一定时间内持续性扶养作为判断是否具有扶养关系的标准。我们研究认为，实践中互相扶养的情况复杂，时间和程度也不一，无法进行量化，如果规定一个统一的时间作为判断是否具有扶养关系的标准，会造成司法的机械化，很可能导致不公平的情况发生，为此民法典继承编没有对扶养关系的成立规定一个统一的时限，而是交由个案具体判断。

还有一些意见提出，继承法对依靠被继承人扶养的继承人以外的人分给适当遗产有严苛的条件，要求既缺乏劳动能力又没有生活来源，这实质上排除了大部分受被继承人扶养的人分得适当遗产的机会，建议删除这一限定条件。我们研究认为，继承法要求受被继承人扶养的继承人以外的人“缺乏劳动能力又没有生活来源”才可以分得适当遗产,其中,“缺乏劳动能力”指因智力或者身体未发育完全、年老等不具有劳动能力,或者因疾病、伤残等完全丧失或者部分丧失劳动能力的情况,“没有生活来源”指没有收入或者经济来源。以我国目前的社会保障情况来看,完全没有生活来源的人已经很少出现。如果严格按照继承法规定的条件确定可以适当分得遗产的人,可能会使很多受被继承人扶养的继承人以外的人不能分得任何遗产,使一些虽然有劳动能力但是因其他原因导致生活来源较少的被扶养人以及虽然有一些生活来源但无劳动能力的被扶养人在被继承人死亡后生活水平大幅下降,这也可能不符合被继承人的意愿。被继承人生前对继承人以外的人进行扶养,按照社会常理,在其死后也愿意分出遗产中的一部分以继续帮助其生前扶养的人,而无论该被扶养人是否为缺乏劳动能力又没有生活来源。此外,境外立法例中的酌给遗产制度也不要求依靠被继承人扶养的继承人以外的人必须是缺乏劳动能力又没有生活来源的人。为此,民法典继承编删去了继承法中规定的依靠被继承人扶养的继承人以外的人分得适当遗产须符合“缺乏劳动能力又没有生活来源”这一条件的要求。对于继承人以外的扶养被继承人的人分给适当遗产的条件还是沿袭了继承法的规定,即须为“对被继承人扶养较多的人”。

(三)可以分给适当遗产的份额不具有确定性

本条规定,对于与被继承人之间具有扶养关系的继承人以外的人,可以分给适当的遗产,没有对可以分得遗产份额的数额作出明确规定。这主要是考虑到实践中的情况纷繁复杂,无法规定一个统一的标准,在分配遗产时,对于被继承人以外的人,可以综合考虑其与被继承人之间扶养关系的程度、遗产数额以及法定继承人的具体情况等因素，由当事人之间协商确定或者由法院确定适当的遗产份额。

（四）可以分给适当遗产的适用情形为遗产按照法定继承办理时

本条规定在法定继承这一章中，因此与被继承人有扶养关系的继承人以外的人仅在遗产按照法定继承办理时可以请求分给适当遗产。如果被继承人生前以有效的遗嘱或者遗赠扶养协议等处分了其全部遗产，而没有为与其有扶养关系的继承人以外的人保留遗产份额，则应充分尊重被继承人的意思表示，不能以本条法律推定的被继承人的意思表示来取代被继承人已明示的有效的意思表示。如果被继承人立了遗嘱或者遗赠扶养协议，但是因为存在本法第1154条规定的情形导致遗产中的有关部分按照法定继承办理的，对于这部分按照法定继承办理的遗产，也可以适用本条规定。

第一千一百三十二条　继承人应当本着互谅互让、和睦团结的精神，协商处理继承问题。遗产分割的时间、办法和份额，由继承人协商确定；协商不成的，可以由人民调解委员会调解或者向人民法院提起诉讼。

【释义】　本条是关于处理继承问题的精神和遗产分割方式的规定。

在继承过程中，需要面对一系列的问题：从被继承人死亡开始，要经历确定继承人范围、遗产的清点与保管、继承人接受或者放弃继承、继承权的丧失或者恢复、确定继承人应当继承的遗产份额、确定酌给遗产的份额、遗产分割等过程。在法定继承中,如果继承人为 2 人以上,就需要在继承过程中平衡相互之间的利益关系。一般而言,法定继承人之间具有亲属关系,为了避免继承人之间因争夺遗产而伤了和气甚至反目成仇,影响家庭和睦与社会安定,本法规定继承人应当以互谅互让、和睦团结为指导原则协商处理继承相关的问题,这既是践行社会主义核心价值观的要求,也是法律的倡导性规范,当事人应当予以遵守。

本法第 230 条规定,因继承取得物权的,自继承开始时发生效力。本法第 1121 条第 1 款又规定,继承从被继承人死亡时开始。这表明在被继承人死亡时继承开始,在法定继承中,法定继承人直接取得被继承人的遗产。当法定继承人为 2 人以上时,遗产属于各个继承人共同所有。各个继承人对遗产的共同所有是一种暂时性的共有关系,继承遗产的目的是将遗产的所有权分配并转移给各个继承人,使各个继承人成为所分配的遗产份额的实际占有者和管理人,从而发挥财产的效用、更好地满足继承人的生产生活需要。在这一过程中,遗产分割发挥着重要作用。遗产分割是指继承开始后,依据法律或者按照遗嘱在各继承人之间进行遗产分配的民事法律行为。只有在遗产分割后,各个继承人才能对所分配的遗产享有实际的占有、使用、收益和处分的权利。对遗产进行分割时,主要涉及的问题为遗产分割的时间、办法和份额。

遗产分割的时间,一般来说由继承人之间协商确定,既可以在继承开始后请求分割,也可以约定在一定的期间后或者特定的条件成就时再分割遗产。

遗产分割的办法,主要有四种:即实物分割、变价分割、补偿分割、保留共有。实物分割,一般适用于可分物的遗产,即对作为遗产的原物直接进行分割并分配给各个继承人。变价分割,既可以用于不宜进行原物分割的遗产,也可以用于继承人均不愿意取得该种遗产的情况,此时可以将该遗产变卖后换取变价款,各个继承人按照应当继承遗产的份额比例对变价款进行分割。补偿分割,适用于继承人中有人愿意取得某项不宜进行原物分割的遗产的情况,由该继承人取得该项遗产的所有权,然后由取得遗产所有权的继承人按照其他继承人应当继承遗产的份额比例,分别向其他继承人补偿相应的价款。保留共有,适用于遗产不宜进行原物分割,继承人又均愿意取得遗产,或者各个继承人基于某种目的,愿意保持共有状态的情形,此时各个继承人可以根据其应当继承遗产的份额比例对遗产享有所有权。对于遗产进行分割时,无论选择哪种办法,都应当遵循本法第 1156 条第 1 款规定的"遗产分割应当有利于生产和生活需要,不损害遗产的效用"的原则。

遗产分割的份额,应当以法律规定的或者当事人协商的各个继承人应当继承的遗产份额为依据。本法第 1130 条规定了法定继承中遗产份额的分配原则:同一顺序继承人继承遗产的份额,一般应当均等;对生活有特殊困难又缺乏劳动能力的继承人,分配遗产时,应当予以照顾;对被继承人尽了主要扶养义务或者与被继承人共同生活的继承人,分配遗产时,可以多分;有扶养能力和有扶养条件的继承人,不尽扶养义务的,分配遗产时,应当不分或者少分;继承人协商同意的,也可以不均等。在分割遗产时,继承人应当以该原则为依据协商确定各自应当取得的遗产份额,并以此为基础分割遗产。继承人之间协商不成向人民调解委员会申请调解或者向法院提起诉讼的,人民调解委员会和法院也应当依据本法第 1130 条确定遗产分割的份额。

在分割遗产时，除了确定遗产分割的时间、办法和份额以外，还需要注意其他问题，例如，在遗产分割时，应当先分出配偶或者他人的财产、应当保留胎儿的继承份额、应当清偿被继承人依法应当缴纳的税款和债务等。

在进行遗产分割时，主要有两种方式：一种为继承人协商确定的方式，另一种为人民调解委员会调解或者法院裁判的方式。在分割遗产时，由于主要涉及继承人之间的利益关系，法律在调整时鼓励当事人之间通过协商的方式确定遗产分割的时间、办法和份额，这充分体现了民法尊重当事人之间意思自治的原则。如果继承人之间协商不成的，任一继承人都可以向人民调解委员会申请调解或者向人民法院提起诉讼，通过调解的方式或者裁判的方式，确定遗产分割的时间、办法和份额。需要注意的是，人民调解委员会是依法设立的调解民间纠纷的群众性组织，经人民调解委员会调解达成的调解协议，具有法律约束力，当事人应当按照约定履行。对于经人民调解委员会调解达成的调解协议，当事人可以向人民法院申请司法确认，人民法院依法确认调解协议有效的，该协议具有强制执行的效力。

第三章　遗嘱继承和遗赠

遗嘱继承和遗赠是指按照自然人生前所立的合法有效的遗嘱确定遗嘱继承人或者受遗赠人并分配其遗产的继承方式，

是民法的意思自治原则在继承领域的集中体现。遗嘱继承和遗赠作为财产继承的主要途径，与法定继承共同构成继承编的主要内容。在民法典继承编的立法过程中，一些意见提出，被继承人一旦立有遗嘱，就优先适用遗嘱来分配遗产，应当将“遗嘱继承和遗赠”这一章放在“法定继承”那一章之前，以凸显遗嘱继承和遗赠的重要性和优先效力。考虑到法定继承部分对法定继承人的范围等一般性规定已经作出规定，如果调整起来会牵涉很多部分，并且遗嘱继承和遗赠也需要适用这些一般性的规定，为此没有对继承法中的相关章节顺序作出改动。

本章共12条，对遗嘱继承和遗赠的含义、自书遗嘱、代书遗嘱、打印遗嘱、录音录像遗嘱、口头遗嘱、公证遗嘱、不能作为遗嘱见证人的人员、必留份、遗嘱的撤回与变更、遗嘱的无效、附有义务的遗嘱继承和遗赠等作出了规定。

第一千一百三十三条　自然人可以依照本法规定立遗嘱处分个人财产，并可以指定遗嘱执行人。

自然人可以立遗嘱将个人财产指定由法定继承人中的一人或者数人继承。

自然人可以立遗嘱将个人财产赠与国家、集体或者法定继承人以外的组织、个人。

自然人可以依法设立遗嘱信托。

【释义】　本条是关于自然人可以依法立遗嘱处分个人财产以及遗嘱继承和遗赠含义的规定。

立遗嘱是指自然人生前依照法律规定预先处分其个人财产，安排与此有关的事务，并于其死亡后发生效力的单方民事法律行为。自然人死亡后遗留的个人财产,既可以通过法定继承的方式进行分配,也可以按照自然人所立的遗嘱的内容进行分配,在自然人立有合法有效的遗嘱时,优先适用遗嘱分配遗产。随着我国社会主义市场经济的不断发展、人民生活水平的日益提高、私有财产的逐渐增多以及所有权制度的不断完善,遗嘱作为自然人生前对个人财产作出死后安排的一种手段,日益受到人们的重视,依遗嘱处分遗产也逐渐成为遗产继承的重要方式。相较于法定继承由法律直接规定继承人的范围和继承顺序、继承遗产的份额等,依遗嘱处分遗产,可以由自然人自主决定在其死后如何对其个人财产进行分配与处置,在分配的对象、方式、份额、条件等方面都具有较大程度的自由度和灵活性,充分体现了对自然人意思自治的尊重以及私有财产权利的保障。

继承法第 16 条第 1 款规定,公民可以依照本法规定立遗嘱处分个人财产,并可以指定遗嘱执行人。民法典沿用了该条款,规定自然人可以依照本法规定立遗嘱处分个人财产,并可以指定遗嘱执行人,明确了自然人通过立遗嘱的方式处分个人财产的权利。

立遗嘱的主体为自然人,遗嘱的内容为处分个人财产,不包括非财产性的内容,虽然有的遗嘱中可能包含处理非财产性事务的内容,但这不属于继承编意义上的遗嘱内容。此外,自然人想要通过立遗嘱的方式实现财产在其死后的分配,所立的遗嘱必须合法有效。遗嘱作为民事法律行为,需要符合本法总则编规定的民事法律行为有效的条件,即根据本法第 143 条的规定,具备下列条件:(1)行为人具有相应的民事行为能力;(2)意思表示真实;(3)不违反法律、行政法规的强制性规定,不违背公序良俗。遗嘱作为特别的民事法律行为，还须符合继承编对其效力的特别规定，如在行为主体方面，本法第 1143 条第 1 款规定，无民事行为能力人或者限制民事行为能力人所立的遗嘱无效；在意思表示真实方面，本法第 1143 条第 2 款规定，遗嘱必须表示遗嘱人的真实意思，受欺诈、胁迫所立的遗嘱无效。遗嘱作为死因民事法律行为、单方民事法律行为，为了确保行为人意思表示的真实，法律还对遗嘱规定了较为严格的形式要件，即只能按照本法第 1134～1139 条规定的自书遗嘱、代书遗嘱、打印遗嘱、录音录像遗嘱、口头遗嘱、公证遗嘱等形式立遗嘱，并且须符合相应的形式要求，否则会影响遗嘱的效力。此外，遗嘱还须为缺乏劳动能力又没有生活来源的继承人保留必要的遗产份额。

自然人可以在遗嘱中指定遗嘱执行人。遗嘱执行人是指遗嘱人在遗嘱中指定的负责实现遗嘱的财产处分内容的人，主要职责为遗产管理、处理遗嘱人的债权债务、按照遗嘱内容分割与交付遗产等。遗嘱执行人既可以是法定继承人，也可以是法定继承人以外的人。在继承开始后，遗嘱执行人即为遗产管理人，适用本编第四章中有关遗产管理人的规定。。

关于遗嘱继承和遗赠，继承法是根据取得遗产的人的身份来区分二者：如果按照遗嘱的内容，取得遗产的人为法定继承人以内的人，则属于遗嘱继承；如果按照遗嘱的内容，取得遗产的人为法定继承人以外的人，则属于遗赠。大多数意见认为这种立法例在逻辑上不失严谨，较符合我国的实际情况，且已被民众所熟悉，因此民法典继承编沿用了该标准，继续以取得遗产的人的身份来区分遗嘱继承和遗赠。对于遗嘱继承，本条第 2 款规定，自然人可以立遗嘱将个人财产指定由法定继承人中的一人或者数人继承。对于遗赠,本条第 3 款规定,自然人可以立遗嘱将个人财产赠与国家、集体或者法定继承人以外的组织、个人,这既包括自然人,也包括法人、非法人组织等。需要注意的是,遗嘱人对于其个人财产既可以通过遗嘱继承的方式处分,也可以通过遗赠的方式处分,而且遗嘱可以对遗产的取得人以及分配的份额、方式、条件等内容作出规定,这充分体现了遗嘱自由的原则。

在第十三届全国人民代表大会第三次会议审议民法典草案的过程中,有的代表提出,设立遗嘱信托是自然人生前对自己的财产进行安排和处理的一种重要制度,建议在这一条中增加规定遗嘱信托的内容。宪法和法律委员会经研究认为,信托法对遗嘱信托已经作了规定,遗嘱信托应主要适用信托法进行规范,民法典作为民事领域基本法,可以对此作衔接性规定。据此,建议增加规定,自然人可以依法设立遗嘱信托。为此,自然人立遗嘱处分个人财产,既可以指定某个法定继承人继承,也可以遗赠给继承人以外的组织、个人,还可以依法设立遗嘱信托。

第一千一百三十四条　自书遗嘱由遗嘱人亲笔书写,签名,注明年、月、日。

【释义】 本条是关于自书遗嘱的规定。

遗嘱是自然人生前按照法律规定的方式对其个人财产进行预先处分的民事法律行为,遗嘱必须是遗嘱人真实意思的反映,才能使遗嘱人的个人财产按照他的意愿进行分配。遗嘱虽然是单方民事法律行为,但遗嘱人所立的遗嘱关系到谁可以取得遗产以及取得遗产的方式、条件、份额等问题，直接影响着遗嘱继承人、受遗赠人、法定继承人等主体的切身利益，因此遗嘱必须清楚确切。然而，遗嘱又是死因行为，即只有在遗嘱人死亡时发生法律效力，当遗嘱的真实性和内容产生争议时，因遗嘱人已经死亡而无法探知其真实意思。因此，为了保证遗嘱的真实性和可靠性，指导当事人正确审慎地设立遗嘱，尽量减少因遗嘱产生的继承纠纷，各国法律基本上都对遗嘱规定了严格的形式要件，强调遗嘱应当按照法律规定的方式设立，并分别对其形式上的要件作了规定。这使得遗嘱行为成为要式民事法律行为的典型。要式民事法律行为，是指符合法律规定的某些特定的形式要求才能发生法律效力的民事法律行为。自然人立遗嘱时，可以任意选择法律规定的遗嘱形式，但是如果其所立的遗嘱不符合法律规定的形式要求，即使遗嘱确实为遗嘱人的真实意思表示，也不能发生法律效力。因此，尽管遗嘱的形式不影响遗嘱的内容，但是会影响遗嘱的效力，当事人在立遗嘱时应注重遗嘱形式方面的要求。

继承法第 17 条规定了五种遗嘱的形式，即公证遗嘱、自书遗嘱、代书遗嘱、录音遗嘱和口头遗嘱。在民法典继承编的立法过程中，一些意见提出，随着我国经济体制的发展与完善，人们的个人财产也日渐增多，越来越多的公民选择通过立遗嘱的方式来处理自己的个人财产，而随着信息技术的发展与普及，人们的书写、记录方式产生较多改变，应当在继承法的基础上增加新的遗嘱形式，以适应社会实践的发展，为人们立遗嘱提供更加便捷的形式。随着遗嘱形式的增加，像继承法第 17 条一样只用一个条文已经难以容纳相关规则，建议对各种遗嘱的形式分条加以规定。民法典继承编吸收了上述意见，在本法第

1134~1139条分条规定了自书遗嘱、代书遗嘱、打印遗嘱、录音录像遗嘱、口头遗嘱、公证遗嘱六种遗嘱的形式。

本条是关于自书遗嘱的规定。继承法第17条第2款规定："自书遗嘱由遗嘱人亲笔书写,签名,注明年、月、日。"民法典保留了继承法的规定。自书遗嘱是指遗嘱人本人将处分遗产的意思表示亲自用文字手写出来的遗嘱。自书遗嘱由于是遗嘱人本人亲笔书写,意思表示真实、自由并且容易鉴别真伪,因此形式要求较为简单,可以随时设立,不需要有见证人在场见证,设立过程私密,是最简便易行的遗嘱形式。自书遗嘱如果要有效成立,在形式上需要符合以下三个方面的要求。

(一)遗嘱人必须亲笔书写

自书遗嘱必须由遗嘱人亲笔书写遗嘱的全部内容。亲笔书写意味着不能由他人代写遗嘱,也不能用打印等其他方式,只能由遗嘱人本人亲自用笔将自己处分财产的意思表示记录下来。遗嘱的全部内容都必须由遗嘱人亲笔书写,如果遗嘱中有部分内容是由他人书写,则不构成自书遗嘱。

(二)遗嘱人必须签名

自书遗嘱必须由遗嘱人签名,即亲笔书写其姓名。遗嘱人亲笔签名既可以将遗嘱与遗嘱人联系起来,表明立遗嘱人的身份,又可以表示遗嘱人对遗嘱内容的确认,表明该遗嘱是出于遗嘱人的真实意思表示。因此,任何形式的书面遗嘱都要求遗嘱人签名。由于人们在长时间的书写过程中会形成自己独特的书写习惯,而自书遗嘱是遗嘱人亲笔手写全部遗嘱内容的遗嘱,可以通过对笔迹进行识别的方式来认定遗嘱的内容是否由遗嘱人书写,因此自书遗嘱既不要求遗嘱人在遗嘱的每一页上签名,也不要求有见证人在场见证。在自书遗嘱中,尽管遗嘱的内容可能确实是由遗嘱人亲笔书写，但是如果没有签名，无法判断遗嘱人只是书写了草稿还是作出了最终的决定，因此没有签名的自书遗嘱无效。

在民法典继承编的立法过程中，一些意见提出，应当允许遗嘱人在一些情况下用盖章或者捺指印的方式取代签名。我们研究认为，印章具有可复制性，并且可以被他人控制、支配。指印虽然具有身份识别上的唯一性，但是在遗嘱人无意识、死亡时存在被强按指印的可能性，也可能存在因遗嘱人的指纹样本没有留存而难以鉴定的情况。在遗嘱没有签名的情况下，以盖章或者捺指印来确认遗嘱的真实性并不是可靠的方法，遗嘱中仅有遗嘱人的盖章或者指印并不能推断该遗嘱是其真实的意思表示。尤其是在自书遗嘱中，因为不要求见证人在场见证，如果允许以盖章或者捺指印的方式取代签名，可能会增加伪造遗嘱的风险。为此，民法典继承编在遗嘱的形式要件中，没有采纳盖章和捺指印的方式。

（三）遗嘱人必须注明年、月、日

遗嘱人在自书遗嘱中必须注明其设立遗嘱的具体时间，即必须注明年、月、日。遗嘱中必须注明年、月、日主要有以下作用：一是注明年、月、日可以确定遗嘱设立的时间，如果在遗嘱设立以后遗嘱人撤回、变更了该遗嘱，或者遗嘱人实施了与该遗嘱内容相反的民事法律行为，那么该遗嘱的部分或者全部内容将不发生法律效力；二是在遗嘱人立有数份遗嘱时，如果遗嘱之间内容相抵触的，以最后的遗嘱为准，此时可以以遗嘱中注明的年、月、日来判断遗嘱设立的先后；三是遗嘱中注明的年、月、日，还可以用来确定遗嘱人在立遗嘱时是否具有遗嘱能力，从而判断遗嘱人所立的遗嘱是否有效。

在民法典继承编的立法过程中，一些意见提出，如果仅有一份遗嘱的，即使没有注明年、月、日，也应当认为有效。也有一些意见认为，遗嘱上注明的日期对于认定遗嘱的真实性和有效性具有重要作用，不宜开口子。基于在遗嘱上注明日期的重要性，本法还是坚持将遗嘱人在遗嘱上注明年、月、日作为遗嘱有效的形式要件，自书遗嘱中未注明日期或者所注明的日期不具体的，遗嘱不能生效。

第一千一百三十五条　代书遗嘱应当有两个以上见证人在场见证，由其中一人代书，并由遗嘱人、代书人和其他见证人签名，注明年、月、日。

【释义】 本条是关于代书遗嘱的规定。

代书遗嘱是指根据遗嘱人表达的遗嘱内容，由他人代为书写的遗嘱。代书遗嘱通常适用于遗嘱人由于一些特殊的原因，如不会写字或者身体状况不好无法写字等，不能亲笔书写遗嘱，故委托他人代为书写遗嘱的情形。代书遗嘱是我国法律规定的一种遗嘱形式，继承法第17条第3款规定："代书遗嘱应当有两个以上见证人在场见证，由其中一人代书，注明年、月、日，并由代书人、其他见证人和遗嘱人签名。"在民法典继承编的立法过程中，多数意见认为，代书遗嘱的形式能够满足我国民众特别是广大农村村民立遗嘱的需要，继续保留仍有必要。为此，本条对继承法的规定作了一些文字修改并予以保留。

根据继承法的一般原理，遗嘱人应当亲自立遗嘱，遗嘱不适用民法中的代理制度，不能由他人代为设立。法律虽然允许遗嘱人在特殊情形下由他人代为书写遗嘱，但是代书遗嘱不是代书人代理遗嘱人设立遗嘱，遗嘱人虽然不能亲笔书写遗嘱，但是要亲自、独立作出处分个人财产的意思表示，而代书人的职责为如实地记录遗嘱人的意思表示，不能干涉遗嘱人的意思表示，也不能在记录的过程中扭曲、篡改遗嘱人的意思表示。

根据本条规定，代书遗嘱如果要有效成立，在形式上需要符合以下几个方面的要求。

（一）有两个以上见证人在场见证

见证人是指证明遗嘱真实性的第三人。为了保证遗嘱的真实性、可靠性，各国继承法普遍规定对于一些特定形式的遗嘱必须有一定数量的见证人。与自书遗嘱相比，代书遗嘱除了书写人不同以外，在形式要件方面有关见证人的要求也与自书遗嘱具有显著区别。法律之所以认可遗嘱人在没有见证人的情况下亲笔书写的自书遗嘱的有效性，是由于每个人因教育程度、书写习惯等方面的独特性而使得其亲笔书写的遗嘱具有不可复制性，如果日后产生争议还可以通过笔迹鉴定这一手段辨别真伪。代书遗嘱则是通过无利害关系的见证人来佐证遗嘱人的意思表示，以确保遗嘱人是在自愿的状态下作出的真实意思表示，如果日后因该代书遗嘱产生纠纷，可以通过见证人来判断遗嘱的真实性与可靠性。

在代书遗嘱中，见证人也需要符合一定的条件。首先，见证人需要符合一定的资格条件，一方面必须要有见证遗嘱真实性的能力，另一方面要有中立性，即与遗嘱的内容没有利害关系。本法第 1140 条规定，无民事行为能力人、限制民事行为能力人以及其他不具有见证能力的人，继承人、受遗赠人以及与继承人、受遗赠人有利害关系的人，不能作为遗嘱见证人。其次，见证人还需符合数量方面的要求，本法规定代书遗嘱、打印遗嘱、录音录像遗嘱、口头遗嘱都需要两个以上的见证人在场见证,根据本法第1259条的规定,“以上”包括本数,即这类遗嘱的见证人最少为两人。对于见证人设定数量方面的要求,既是为了保障遗嘱人的真实意愿,保证遗嘱的真实性,也是为了增强遗嘱的证明效力,减少纠纷的发生。最后,符合资格、数量要求的见证人须在场见证,即必须在场全程参与立遗嘱的过程,不能在事后签名来代替在场见证。因此,代书遗嘱如果不符合上述见证人的资格、数量、在场见证等方面的要求,则该遗嘱无效。

（二）由见证人中的一人代书

代书人为见证人中的一人,需要符合见证人的资格条件。代书人在代书遗嘱时,只能用亲笔手写的方式,不能运用打印等其他方式。代书人在书写遗嘱时要严格忠实于遗嘱人的意思表示,将遗嘱人表达的遗嘱内容准确无误地记录在代书遗嘱中。

（三）遗嘱人、代书人和其他见证人签名

代书人在书写完遗嘱后,应当交给遗嘱人和其他见证人核对,遗嘱人和其他见证人确认无误后,遗嘱人、代书人和其他见证人均须在遗嘱上亲笔书写姓名。遗嘱人、代书人和其他见证人签名,既表明了自己的身份,也表明了对遗嘱内容以及立遗嘱过程的确认。

（四）注明年、月、日

在代书遗嘱中必须注明立遗嘱的具体日期,即注明年、月、日。遗嘱上注明的日期对于认定遗嘱的真实性和有效性具有重要作用,代书遗嘱中未注明日期或者所注明的日期不具体的,遗嘱不能生效。

第一千一百三十六条　打印遗嘱应当有两个以上见证人在场见证。遗嘱人和见证人应当在遗嘱每一页签名,注明年、月、日。

【释义】 本条是关于打印遗嘱的规定。

打印遗嘱是指遗嘱的内容由打印机等机器设备打印而成的遗嘱。随着科学技术的发展以及信息技术的普及,个人电脑及其各种外设等产品进入普通人的生活,以其便利性、人性化的特点,部分替代了传统的书写方式。近些年来,在司法实践中出现了以打印的方式立遗嘱的情况,由于继承法并没有对打印遗嘱作出规定,由此对打印遗嘱的效力产生了一些争议。

在民法典继承编的编纂过程中,大多数意见认为法律应当允许通过打印的方式立遗嘱,但是在涉及如何具体规定的问题上,有不同的意见。一些意见认为,应当将打印遗嘱规定为一种新的遗嘱形式,与自书遗嘱、代书遗嘱等其他的遗嘱形式并列。另一些意见认为,不应将打印遗嘱作为独立的遗嘱形式,可以扩大书写的含义使其包含打印的方式,允许自书遗嘱、代书遗嘱采用打印的方式。主要理由为以下三点:(1)打印是书写的另一种形式,与手写没有本质差别。(2)一些国外立法例不对遗嘱采用手写或者打印的方式作特别的区分,如《英国遗嘱法》规定,遗嘱须作成书面形式,至于遗嘱书面形式的具体书写方式,遗嘱人可以手写,也可以用机器打字方式。《国际遗嘱形式统一法公约》第3条规定,遗嘱需用书面作成,不要求立遗嘱人本人书写,遗嘱可以用任何文字写成,可以手写,也可以用其他方式书写。(3)公证遗嘱一般也是以打印方式表现出来,如果将打印遗嘱作为与其他形式的遗嘱并列的一种遗嘱形式,可能会产生混淆。

我们研究认为,在不改变现有的自书遗嘱、代书遗嘱的形式要件的前提下,扩大"书写""代书"的含义使其包含打印的方式,需要考虑以下几个问题。一是自书遗嘱通篇文字是遗嘱人的手写体,由于手写因个人的书写习惯等不同而致字迹千差万别,容易辨别真伪,因此自书遗嘱的设立不需要两个以上的见证人在场见证。如果允许自书遗嘱采用打印的方式设立,由于打印机打印出来的文字具有统一性、一致性,无法从外在形式上区分遗嘱内容由谁所写,单凭打印遗嘱上"遗嘱人"的亲笔签名不足以判定遗嘱的整体内容是出自遗嘱人的真实意思表示,并且签名字数少,存在容易被伪造、做笔迹鉴定困难等问题,因此在没有见证人在场见证的情形下很难判断该遗嘱的真实性。二是在代书遗嘱中若允许他人代为打印遗嘱,由于需要两个以上的见证人在场见证,可以保证遗嘱的真实性。但是这会使遗嘱人在两个以上的见证人在场见证的情形下自己作成的打印遗嘱的效力产生疑问,因为这不符合自书遗嘱、代书遗嘱的形式要件。

实际上,打印遗嘱有以下特征:一是打印遗嘱既可以由遗嘱人自己编辑、打印,也可以由遗嘱人表述遗嘱内容,他人代为编辑、打印,由于打印的文字缺乏与个人特征的关联性,仅凭打印的遗嘱内容难以判断打印遗嘱的具体制作人。因此,对于打印遗嘱区分是遗嘱人自己打印还是他人代为打印意义不大。二是即使是遗嘱人自己编辑和打印的体现其真实意思表示的遗嘱,也可能被他人通过技术手段篡改,尤其是在遗嘱有多页时,页面容易被替换。因此,打印遗嘱需要有更加严格的形式要件,如要求有一定数量的见证人在场见证、在遗嘱的每一页由遗嘱人和见证人签名等。如果不将打印遗嘱作为独立的遗嘱形式,允许自书遗嘱、代书遗嘱采用打印的方式,就必须要对有关自书遗嘱、代书遗嘱的条文分别增加符合打印遗嘱特点的形式要件,这不仅会造成立法上的重复,还有可能对已经被社会公众所熟悉的有关自书遗嘱、代书遗嘱的形式要件造成冲击。为此,民法典继承编将打印遗嘱规定为新的一种法定遗嘱形式,并具体规定了打印遗嘱有效成立的要件,使遗嘱形式与当今社会生活的现实状况和科技发展的实际水平相适应,为当事人设立遗嘱提供了便利以及多元的选择。

打印遗嘱实质上是一种书面遗嘱,遗嘱内容以数据电文形式存储在计算机等设备上的不构成遗嘱,遗嘱人须将遗嘱内容从电子数据形式通过打印机等转换为书面形式。根据本条规定,打印遗嘱有效成立须符合下列要件。一是打印遗嘱应当有两个以上见证人在场见证,见证人须符合本法规定的资格、数量、在场见证等方面的要求。二是遗嘱人和见证人应当在遗嘱每一页签名,当遗嘱有多页时,如果仅在一页签名,其他页的内容容易被篡改或者替换,为了保证遗嘱的真实性,遗嘱人和见证人应当对遗嘱的每一页仔细核对并签名,对遗嘱的内容作出确认。如果遗嘱人、见证人只在遗嘱最后一页签名,没有在每一页签名,则不能认定打印遗嘱有效。三是注明年、月、日,由于遗嘱的设立时间为判断遗嘱有效性的重要因素,因此未注明年、月、日的打印遗嘱没有法律效力。

第一千一百三十七条　以录音录像形式立的遗嘱,应当有两个以上见证人在场见证。遗嘱人和见证人应当在录音录像中记录其姓名或者肖像,以及年、月、日。

【释义】 本条是关于录音录像遗嘱的规定。

继承法规定录音遗嘱为一种法定的遗嘱形式。继承法第17条第4款规定,以录音形式订立的遗嘱,应当有两个以上见证人在场见证。在民法典继承编的立法过程中,一些意见提出,大部分大陆法系国家和地区都不承认录音遗嘱,我国台湾地区仅允许口头遗嘱可以采用录音形式订立,这主要是因为录音遗嘱容易被篡改和伪造,同时,受遗嘱人口音、同音词语和录音设备质量等因素的影响,对遗嘱内容容易产生争议。录音遗嘱是口头遗嘱的录音形式,真伪有时较难辨别,也不能保证完整体现遗嘱人的真实意思,应当取消这种遗嘱形式。一些意见认为,录音遗嘱简便易行,取证方便,较口头遗嘱更为可靠,也适应我国广大人民群众的现实需要,为尽可能地方便遗嘱人订立遗嘱,民法典继承编应当保留录音遗嘱。但考虑到录音遗嘱确实存在真伪难辨的问题,应当完善有关录音遗嘱的规定,如对录音遗嘱的制作、封存、开启等作出明确、具体的规定。还有一些意见提出,随着科学技术的发展与普及应用,除了录音之外,录像以及其他电子形式都可以成为制作遗嘱的载体,有必要明确录像遗嘱这种形式,并完善相关程序性规定。我们研究认为,继承法颁布实施三十多年来,录音遗嘱为当事人立遗嘱提供了便利,也提供了多元的遗嘱形式选择,取消录音遗嘱的形式可能不符合现实需求。随着社会经济的发展以及手机、摄像机等电子设备视频拍摄功能的普及,以录像形式记录事件的方式得到了越来越多的运用,并且用录像形式制作而成的音像资料,借助图像和声音对信息进行传达,比起单纯的音频资料更加直观、更能准确地表达所记录的内容。遗嘱人以录像的形式立遗嘱,可以更全面地反映遗嘱人真实的意思表示,但是继承法规定的录音遗嘱的适用范围较为有限,不能满足科技发展与生活丰富化的需求。为此,民法典继承编在保留录音遗嘱的同时,将继承法中的录音遗嘱修改为录音录像遗嘱,包含了以录像方式所立的遗嘱,从而增加了法定遗嘱的形式。

录音录像遗嘱分为录音遗嘱与录像遗嘱。录音遗嘱是遗嘱人口述遗嘱内容并用录音的方式记录而成的遗嘱。录像遗嘱是遗嘱人表达遗嘱内容并用录像的方式记录而成的遗嘱,遗嘱人在表达遗嘱内容时可以通过口述的方式从而同时记录其声音,在特殊情况下无法用口述方式的,例如,遗嘱人为聋哑人的,可以通过打手语的方式表达遗嘱内容。无论采用哪种形式,遗嘱人在录音录像遗嘱中都应该亲自表达遗嘱内容,不能由他人转述。

鉴于录音录像遗嘱较容易被人通过剪辑等技术处理伪造或者篡改,本条对于录音录像遗嘱的有效成立规定了一些形式要件。(1)录音录像遗嘱应当有两个以上的见证人在场见证,见证人须具备相应的见证能力,并且与遗嘱继承人、受遗赠人无利害关系。符合要求的见证人要到场见证,参加录音录像遗嘱制作的全过程。(2)遗嘱人和见证人应当在录音录像中记录其姓名或者肖像。由于录音录像遗嘱不是书面遗嘱,遗嘱人和见证人无法签名,因此要运用符合录音录像遗嘱形式特点的方式表明遗嘱人和见证人的身份、确认遗嘱内容以及表明在场见证。在录音遗嘱中,遗嘱人和见证人应当在录音中用口述的方式分别记录其姓名,表明遗嘱人与见证人的身份,并体现见证人在场见证。在录像遗嘱中,遗嘱人和见证人应当在录像中展示其肖像,在记录肖像的同时遗嘱人和见证人也可以用口述或者其他方式表明其姓名,这样可以通过视频画面得知遗嘱人与见证人的身份、遗嘱人立遗嘱与见证人在场见证的过程。(3)遗嘱人和见证人应当在录音录像中记录年、月、日。由于遗嘱的设立时间是判断遗嘱的真实性与有效性的重要因素,因此录音录像遗嘱也应当体现遗嘱的设立时间。在以录音录像的形式立遗嘱时,遗嘱人和见证人应当在录音录像的过程中用口述或者其他方式表明遗嘱设立的时间,否则录音录像遗嘱不能发生法律效力。

第一千一百三十八条　遗嘱人在危急情况下,可以立口头遗嘱。口头遗嘱应当有两个以上见证人在场见证。危急情况消除后,遗嘱人能够以书面或者录音录像形式立遗嘱的,所立的口头遗嘱无效。

【释义】　本条是关于口头遗嘱的规定。

口头遗嘱,是指遗嘱人用口述的方式表达其处分遗产的意思表示的遗嘱形式。与其他形式的遗嘱相比,口头遗嘱简便易行,在一些危急情况下,遗嘱人来不及或者没有条件立其他形式的遗嘱时,口头遗嘱成为满足遗嘱人立遗嘱愿望的可行的遗嘱形式。许多国家和地区的法律都确认了口头遗嘱为特殊遗嘱形式,称之为紧急遗嘱或者口授遗嘱,并对其适用条件和形式要件作了规定。我国继承法也规定了口头遗嘱,继承法第 17 条第 5 款规定:“遗嘱人在危急情况下,可以立口头遗嘱。口头遗嘱应当有两个以上见证人在场见证。危急情况解除后,遗嘱人能够用书面或者录音形式立遗嘱的,所立的口头遗嘱无效。”民法典继承编第 1138 条在继承法的基础上,将该款中的“录音形式”修改为“录音录像”形式,并做了一些文字修改。本条前两句规定了口头遗嘱的形式要件，后一句规定了口头遗嘱的失效。

（一）关于口头遗嘱的形式要件

根据本条规定，口头遗嘱的有效设立需符合以下要件：

第一，遗嘱人处在危急情况下。危急情况主要是指遗嘱人生命垂危或者遇到了重大灾害或者意外等紧急情况，随时有生命危险而来不及或者没有条件立其他形式的遗嘱。遗嘱人处在危急情况下是立口头遗嘱的前提条件，只有在危急情况下设立的口头遗嘱才能有效，在非危急情况下设立的口头遗嘱无效。

第二，口头遗嘱应当有两个以上见证人在场见证。遗嘱人在危急的情况下用口述的方式表达其处分遗产的意思表示，由于没有记录的载体，因此需要有两个以上见证人在场见证。见证人须符合本法规定的资格、数量、在场见证等方面的要求，否则遗嘱人所立的口头遗嘱无效。相对于其他形式的遗嘱，本法不要求口头遗嘱须作成书面形式或者录音录像形式，也不要求遗嘱人和见证人签名、注明年月日等。

在民法典继承编的立法过程中，有的意见认为，继承法规定的口头遗嘱的形式不够完备，没有要求作成书面形式，完全依靠见证人记忆，导致准确性受到影响，实践中不同见证人的见证内容也会出现不完全一致的情形，影响遗嘱效力。建议增加规定见证人应当及时将其见证的遗嘱内容作成书面形式，签名并注明遗嘱设立的时间。我们研究认为，如果对口头遗嘱增加见证人作成书面形式的要求，就增加了口头遗嘱的效力要件，口头遗嘱是应对危急情况时可以采用的遗嘱形式，为了方便遗嘱人立遗嘱，口头遗嘱的形式要件需要相对简单。如果遗嘱人所立的口头遗嘱的效力还要取决于见证人是否将其口述的遗嘱内容作成书面形式、签名并注明时间，该遗嘱的效力直接受见证人行为的影响，在见证人因一些原因没有作成书面形式或者不符合签名、注明年月日等要求时，该遗嘱的效力归于无效，这可能会影响遗嘱人愿望的实现，也不符合口头遗嘱为了应对危急情况而对遗嘱的订立形式要求较为宽松的特征。为此，民法典继承编对口头遗嘱没有增加规定见证人须将口头遗嘱的内容作成书面形式、签名并注明年月日的形式要求。

（二）口头遗嘱的失效

遗嘱是死因民事法律行为，遗嘱在遗嘱人死亡时发生效力。处在危急情况中的遗嘱人在立口头遗嘱后死亡的，如果遗嘱符合口头遗嘱的形式要件，口头遗嘱即发生法律效力。如果危急情况消除后，遗嘱人没有死亡，口头遗嘱不发生法律效力，但是该口头遗嘱是否可以有效成立直到遗嘱人之后死亡时再发生效力呢？考虑到口头遗嘱的内容完全依靠见证人的表述证明，准确性与证明力低，容易发生纠纷，本条规定，危急情况消除后，遗嘱人能够以书面或者录音录像形式立遗嘱的，所立的口头遗嘱无效。也就是说，遗嘱人在危急情况下所立的口头遗嘱，在危急情况消除后，遗嘱人在世并且能够以其他形式立遗嘱的，该口头遗嘱失效。如果遗嘱人没有另立其他形式的遗嘱而死亡，视为被继承人未立遗嘱，其遗产按法定继承的方式分配。

在民法典继承编的立法过程中，一些意见提出，继承法对口头遗嘱的失效期间规定得过于原则，容易产生争议，建议明确规定在遗嘱人能够采用其他方式订立遗嘱之日起一定期限内口头遗嘱失效。主要理由为以下两点：一是危急情况消除后，遗嘱人能够用其他形式立遗嘱却因一些原因没有立的，如果突然死亡，由于先前所立的口头遗嘱已无效，其财产只能按照法定继承分配，这可能不符合遗嘱人的意愿，对于刚脱离危急情况不久的遗嘱人也有些苛刻。因此，在危急情况消除后，应当给予口头遗嘱一段有效期限，从而为遗嘱人另立其他形式的遗嘱留下准备时间。二是其他国家和地区的立法例中，大部分都规定口头遗嘱在危急情况消除后一定期限内仍然有效，如果遗嘱人在该期限届满后未采用其他形式立遗嘱的，口头遗嘱失效。例如，《德国民法典》规定，在做成紧急遗嘱 3 个月后遗嘱人仍生存的，则视为紧急遗嘱未做成。我国台湾地区“民法”第 1196 条规定，口授遗嘱，自遗嘱人能依其他方式为遗嘱之时起，经过 3 个月而失其效力。为此，民法典继承编一审稿曾规定：“遗嘱人在危急情况下，可以立口头遗嘱。口头遗嘱应当有两个以上见证人在场见证。危急情况解除后，遗嘱人能够用书面或者录音录像形式立遗嘱的，所立的口头遗嘱经过三个月无效。”在第十三届全国人民代表大会常委会第五次会议对民法典各分编草案进行审议和民法典各分编草案征求意见过程中，有的常委委员提出，3 个月期限的起算点不明确，且口头遗嘱仅在危急情况下才适用，危急情况消除后，遗嘱人已经能够用其他形式立遗嘱，所立口头遗嘱即应无效，不必规定 3 个月的期限。还有一些意见提出，口头遗嘱毕竟是遗嘱人在危急情况下作出的意思表示，遗嘱人可能会就遗嘱中表述的相关事项缺乏足够周密的考虑。此外，口头遗嘱形式要件简单，既不需要经遗嘱人认可、签名，也不要求作成书面形式，容易被人遗忘、伪造或者篡改，规定危急情况消除后，遗嘱人能够以其他形式立遗嘱的,所立的口头遗嘱无效,可以促使遗嘱人积极立新遗嘱取代口头遗嘱,从而能够保障遗嘱的真实性,避免不必要的纠纷。经研究,民法典继承编删除了一审稿中"经过三个月"的规定。遗嘱人在危急情况中所立的口头遗嘱,在危急情况消除后,且遗嘱人能够以其他形式立遗嘱时,该口头遗嘱失效。

第一千一百三十九条　公证遗嘱由遗嘱人经公证机构办理。

【释义】 本条是关于公证遗嘱的规定。

公证遗嘱是遗嘱人经公证机构办理的遗嘱,多数大陆法系国家的立法例都规定了公证遗嘱的遗嘱形式。继承法第 17 条第 1 款规定:"公证遗嘱由遗嘱人经公证机关办理。"民法典继承编沿用了继承法关于公证遗嘱的规定。

公证遗嘱的有效成立除了需要遵守本法关于遗嘱效力的规定以外,还需要遵守我国有关公证的法律的相关规定。对于公证遗嘱,2005 年颁布并于 2015 年、2017 年修正的公证法从规范公证活动、保障公证机构和公证员依法履行职责、预防纠纷以及保障民事主体的合法权益的角度作了规定;2000 年由司法部颁布的《遗嘱公证细则》对设立公证遗嘱的程序作了具体规定。民法典各分编草案一审稿第 918 条第 2 款曾规定,公证机构办理遗嘱公证,应当由两个以上公证员共同办理。特殊情况下只能由一个公证员办理的,应当有一个以上见证人在场。有的地方、法学教学研究机构和社会公众提出,关于遗嘱公证的具体程序,司法部已经出台了相关细则,没有必要在民事基本法律中规定。为此,民法典继承编草案二审稿删除了关于遗嘱公证程序方面的规定。

根据上述有关公证的相关规定,公证遗嘱必须由遗嘱人本人亲自办理,不得委托他人办理公证。遗嘱人办理遗嘱公证时,应当亲自到住所地或者遗嘱行为发生地的公证处提出申请。遗嘱人亲自到公证处有困难的,可以书面或者口头形式请求有管辖权的公证处指派公证人员到其住所或者临时处所办理。公证遗嘱应当由两名公证人员共同办理,由其中一名公证员在公证书上署名。因特殊情况由一名公证员办理时,应当有一名见证人在场,见证人应当在遗嘱和笔录上签名。遗嘱人在办理公证遗嘱时,应当向公证机关提供书面遗嘱或者向公证机关表述遗嘱内容。遗嘱人提供的遗嘱,无修改、补充的,遗嘱人应当在公证人员面前确认遗嘱内容、签名及签署日期属实。遗嘱人提供的遗嘱或者遗嘱草稿,有修改、补充的,经整理、誊清后,应当交遗嘱人核对,并由其签名。遗嘱人未提供遗嘱或者遗嘱草稿的,公证人员可以根据遗嘱人的意思表示代为起草遗嘱。公证人员代拟的遗嘱,应当交遗嘱人核对,并由其签名。公证人员在办理遗嘱公证时,要依法对遗嘱人立遗嘱行为的真实性、合法性予以审查,审查的内容包括:遗嘱人是否具有完全民事行为能力,遗嘱人的意思表示是否真实,遗嘱的内容是否完备、文字表述是否准确,遗嘱内容是否违反法律规定和社会公共利益,遗嘱的签名、制作日期是否齐全以及办理公证的程序是否符合规定等。经审查认为遗嘱人立遗嘱行为符合法律规定的条件的,公证处应当出具公证书。公证遗嘱采用打印形式。遗嘱人根据遗嘱原稿核对后,应当在打印的公证遗嘱上签名、盖章或者捺手印。

第一千一百四十条　下列人员不能作为遗嘱见证人：

(一)无民事行为能力人、限制民事行为能力人以及其他不具有见证能力的人；

(二)继承人、受遗赠人；

(三)与继承人、受遗赠人有利害关系的人。

【释义】 本条是关于不能作为遗嘱见证人的人员的规定。

遗嘱见证人是指在现场亲历遗嘱人立遗嘱的过程，能够证明遗嘱真实性的人。为了保障自然人利用遗嘱形式处分财产的权利，为其立遗嘱提供便利，各个国家的法律规定了较多的遗嘱形式。但是在这些法定的遗嘱形式中，有的不具有身份识别性，有的容易被篡改、伪造，有的形式要件简单。为了保障遗嘱的真实性，法律要求一些形式的遗嘱必须要有一定数量的见证人在场见证。根据本法的规定，代书遗嘱、打印遗嘱、录音录像遗嘱、口头遗嘱均需要有两个以上见证人在场见证。对于公证遗嘱，司法部颁布的《遗嘱公证细则》规定，公证遗嘱应当由两名公证人员共同办理，因特殊情况由一名公证员办理时，应当有一名见证人在场。可见，遗嘱见证人是大多数遗嘱的形式要件。遗嘱是死因民事法律行为，即只有在遗嘱人死亡时才发生效力，在遗嘱人死亡时对于遗嘱真实性的认定要依靠见证人的证明，遗嘱见证人的证明直接关系到遗嘱的效力。为了确保遗嘱见证人在证明遗嘱的真实情况时是客观公正的，各国继承法除了对见证人的数量方面有要求以外，还对见证人的资格作了规定。各国继承法一般规定遗嘱见证人必须具备以下条件：一是见证人必须具有完全民事行为能力，二是见证人与遗嘱没有利害关系。我国继承法第18条规定，下列人员不能作为遗嘱见证人:(1)无行为能力人、限制行为能力人;(2)继承人、受遗赠人;(3)与继承人、受遗赠人有利害关系的人。民法典继承编在继承法的基础上,对遗嘱见证人的资格作了进一步完善。根据本条规定,以下人员不能作为遗嘱见证人。

(一)无民事行为能力人、限制民事行为能力人以及其他不具有见证能力的人

遗嘱见证人要在场见证遗嘱人立遗嘱的行为,并在事后对遗嘱的内容、订立情形等作出证明,遗嘱见证人的证明对遗嘱的效力具有重要影响,因此见证人必须具有完全民事行为能力。根据本法的规定,不具有完全民事行为能力的人有:不满18周岁的未成年人,但是16周岁以上以自己的劳动收入为主要生活来源的未成年人除外;不能辨认或者不能完全辨认自己行为的成年人。上述无民事行为能力人、限制民事行为能力人对事物缺乏足够的认识能力和判断能力,不能作为遗嘱见证人。

在民法典继承编的立法过程中,一些意见提出,在一些情况下遗嘱见证人虽然是完全民事行为能力人,但是可能不具有事实上的见证能力,例如,文盲以及对遗嘱所使用的语言掌握不充分的人,因身体缺陷而不具有知晓遗嘱内容的能力的人,这些人员在对遗嘱具体内容的识别与理解上存在一定的欠缺,如果承认此类见证人的资格,对遗嘱的真实性可能会产生一定的影响。国外立法例中,也有一些国家的立法限制这些人员作为见证人,例如,《瑞士民法典》第503条规定,文盲不得作为遗嘱见证人。《俄罗斯联邦民法典》第1124条规定,文盲、因身体缺陷而不能完全理解所发生事情本质的人员、不足够通晓遗嘱所适用语言的人员不能作为遗嘱见证人。《西班牙民法典》第

681条规定，盲人、全聋或全哑的人、不能知晓被继承人语言的人、神志不健全的人不得担任遗嘱见证人。经研究，民法典继承编在继承法第18条第1项的基础上增加规定，“其他不具有见证能力的人”也不得担任遗嘱见证人。遗嘱见证人除了为完全民事行为能力人外，还需要具有见证能力，而见证能力的有无要根据具体事实情况进行判断。

（二）继承人、受遗赠人

为了确保见证人能够公正、客观地对遗嘱的真实性作出证明，法律一般要求见证人与遗嘱内容没有利害关系。受遗赠人是遗赠人在遗嘱中指定的接受其遗赠的个人财产的法定继承人以外的人，是遗嘱的直接受益人，不能作为遗嘱见证人。对于继承人而言，遗嘱人通过立遗嘱处分个人财产的行为，会使继承人的利益受益或者受损。由继承人、受遗赠人担任见证人，可能会给遗嘱人造成影响，导致其作出的遗嘱并非出于真实意愿。此外，继承人、受遗赠人在知晓遗嘱内容后还可能为了自己的利益而作出不真实的证明，制造因素使遗嘱有效或者无效。因此，允许继承人、受遗赠人担任遗嘱见证人难以确保遗嘱内容的真实性。

（三）与继承人、受遗赠人有利害关系的人

与继承人、受遗赠人有利害关系的人虽然不是遗嘱继承法律关系或者遗赠法律关系中的当事人，但是由于其与继承人、受遗赠人有利害关系，可能会因遗嘱人对遗产的分配而间接地获得利益。例如，继承人、受遗赠人按照遗嘱取得的遗产，一般属于夫妻共同财产，继承人、受遗赠人的配偶会因该遗嘱而取得遗产；继承人、受遗赠人的直系血亲虽然不能直接取得遗产，但是也可能对该遗产间接受益。与继承人、受遗赠人有利害关系的人有可能受利益的驱动而作不真实的证明，因此不宜担任遗嘱见证人。在民法典继承编的立法过程中，一些意见提出，与继承人、受遗赠人有利害关系的人范围宽泛，建议予以明确。我们研究认为，与继承人、受遗赠人有利害关系的人的情况比较复杂，其具体范围无法通过立法明确规定，应当具体情况具体分析，为此没有对与继承人、受遗赠人有利害关系的人的范围作出界定。

第一千一百四十一条　遗嘱应当为缺乏劳动能力又没有生活来源的继承人保留必要的遗产份额。

【释义】 本条是关于必留份的规定。

遗嘱人立遗嘱，可以自主决定在其死后如何对其个人财产进行分配与处置，在分配的对象、方式、份额、条件等方面都具有较大程度的自由度。遗嘱自由原则是当事人意思自治原则以及保护私有财产原则在继承法领域的具体化，是各国继承立法普遍确立的重要原则。但是遗嘱自由不是完全无限制的自由，由于继承制度还须发挥遗产的扶养功能和维护基本的家庭伦理的功能，因此各国继承立法也普遍对遗嘱自由设有一定的限制。我国继承法第 19 条规定了我国的必留份制度，即“遗嘱应当对缺乏劳动能力又没有生活来源的继承人保留必要的遗产份额”，对遗嘱人以遗嘱处分财产的权利进行了一定的限制。

一些大陆法系国家则通过规定特留份制度对遗嘱人自由处分个人财产的权利作了适当地限制。特留份，是指遗嘱人立遗嘱处分个人财产时，必须给特定的法定继承人即特留份权利人保留的遗产份额。遗嘱人只能对特留份以外的个人财产进行自由处分。大多数国家规定的特留份权利人的范围一般都小于法定继承人的范围，仅限于与遗嘱人关系密切的家庭成员，如配偶、子女或直系晚辈血亲、父母或直系尊血亲。特留份制度不是把遗产的全部或者绝大部分保留给遗嘱人的家庭成员，特留份权利人只是有权获得适当的遗产份额。对于特留份权利人能够获得的遗产份额，主要有两种立法例：一种是就遗嘱人的遗产总量规定一定的比例，如法国、日本；另一种是就各个特留份权利人在法定继承情形下可以获得的应继份规定一定的比例，如德国、瑞士。为了保障权利人的特留份，规定特留份制度的国家还详细规定了扣减制度。当遗嘱人的遗嘱处分行为或者生前赠与行为损害了特留份权利人时，特留份权利人可以请求扣减遗嘱继承、遗赠或者生前赠与的相应数额，以获得足额的特留份额。

特留份制度与我国继承法规定的必留份制度相比，有以下四个方面的区别。一是功能定位不同。特留份制度侧重于保护特定的法定继承人的最低限度的继承利益，协调特定的法定继承人之间的利益平衡，使遗产保留于家庭之中，限制其外流。必留份制度则侧重于保障有特殊困难的继承人的基本生活需要，使遗产发挥对弱势群体扶养的功能。二是权利主体不同。特留份权利人和必留份权利人虽然都是法定继承人，但是范围不同。特留份权利人的确定依据为血缘、婚姻等身份关系，大多为与遗嘱人关系最为密切、继承顺序靠前的法定继承人，而不考虑其是否有被扶养的需要，如法国的特留份权利人为配偶及直系晚辈血亲，意大利的特留份权利人为配偶、子女和直系尊血亲。而必留份权利人的确定依据为身份关系以及受扶养的客观需要，如我国继承法规定的必留份权利人为同时具备缺乏劳动能力和没有生活来源两个条件的法定继承人,该继承人既可以是第一顺序继承人,也可以是第二顺序继承人。三是具体份额不同。对于特留份的份额,无论是以遗嘱人的遗产总量为基数还是以特留份权利人的法定应继份为基数,特留份的计算一般都有具体的标准,例如,《瑞士民法典》中特留份权利人为遗嘱人的直系晚辈血亲、父母和配偶,其中直系晚辈血亲的特留份份额各为其法定应继份的3/4,父母中任何一方的特留份份额各为其法定应继份的1/2,尚生存的配偶的特留份份额为其法定应继份的1/2。我国继承法则没有对必留份规定具体的份额,在实践中要根据个案的具体情况而确定,以满足必留份权利人的生活需要。四是权利的优先性不同。大部分规定特留份制度的国家,在计算特留份份额时都是先从被继承人的遗产中扣除被继承人的债务,被继承人的债务优先于特留份。必留份则是法定继承人基本生活的保障,为此我国民法典规定如有缺乏劳动能力又没有生活来源的继承人,在遗产不足以清偿债务时,也应当为其保留必要的遗产。

在民法典继承编的立法过程中,一些意见认为,我国的必留份制度存在一定的局限性:一是享有必留份的主体范围过窄,二是"保留必要的遗产份额"缺乏明确性,不易操作且标准较低。出于维护以家庭为中心的亲属关系,保障一定范围内近亲属的继承利益,平衡各继承人之间的利益,使遗产尽量保留在家庭内部,维护社会公德等目的,一些意见提出以特留份制度取代必留份制度。还有一些意见认为,特留份与必留份的功能不同,建议在保留必留份制度的同时,增加规定特留份制度。

也有一些意见反对引入特留份制度,主要理由为:(1)遗嘱自由在老龄化社会具有重要价值,老年人可以利用遗嘱自由促使子女履行相应的赡养义务,而特留份制度使特定继承人仅凭身份便可取得部分遗产,会使晚辈对长辈的赡养义务重视不够;(2)特留份制度在适用上具有机械性的缺点,不考虑各个继承人之间实际需求的差别,可能使遗产过度分散,使真正需要遗产来扶养的人不能获得足够的遗产来保障生活;(3)继承规则应当尽量理顺关系、简单化,而特留份制度会使继承制度复杂化,为保障特留份权利而规定的扣减制度,可能引起更多的纠纷,影响交易安全;(4)实践中向法定继承人以外的第三人遗赠的情形最常见的是发生在祖孙之间,违反公序良俗原则向第三人遗赠全部财产的情形也不多见,引入特留份制度的实际需求不大;(5)特留份与必留份并行的模式虽然意在同时兼顾两种制度的优点,但是在遗产总量不大的情况下,可能会不够分配,不能实现两种制度的价值目标,且对遗嘱自由的限制过大。

我们研究认为,遗嘱自由原则体现了继承法的私法本质,也是世界各国遗嘱立法的共性趋势,对遗嘱自由的限制应当以必要为限。继承法第 19 条规定遗嘱应当对缺乏劳动能力又没有生活来源的继承人保留必要的遗产份额,既充分尊重了遗嘱人的财产处分权,又保障了有困难的继承人的扶养需求,还有助于弘扬人人自食其力的社会风气。由于继承制度的特殊性,法律规定的继承规则有的已经成为社会传统,对于一些新制度的引入要充分考虑与现有继承规则的协调、实践需求、社会接受度等因素,而目前对引入特留份制度还存在较多不同意见。为此,民法典继承编保留了必留份的规定,没有规定特留份制度。

第一千一百四十二条　遗嘱人可以撤回、变更自己所立的遗嘱。

立遗嘱后，遗嘱人实施与遗嘱内容相反的民事法律行为的，视为对遗嘱相关内容的撤回。

立有数份遗嘱，内容相抵触的，以最后的遗嘱为准。

【释义】　本条是关于遗嘱的撤回、变更以及遗嘱效力顺位的规定。

遗嘱的撤回是指遗嘱人在立遗嘱后又对该遗嘱加以取消。遗嘱的变更是指遗嘱人在立遗嘱后又对该遗嘱作出修改。遗嘱的撤回和变更产生的法律后果为遗嘱中被撤回、被变更的内容不发生效力。遗嘱人从立遗嘱到遗嘱生效的这段期间，可能会因种种原因，改变其当初立遗嘱时的意愿。法律允许并保障遗嘱人撤回、变更自己所立的遗嘱，是遗嘱自由原则的必然要求，也是意思自治原则在继承领域的具体体现。各个国家和地区有关继承的法律一般都规定，遗嘱人生前有权随时撤回和变更其所立遗嘱的全部或者一部分。我国继承法第 20 条规定："遗嘱人可以撤销、变更自己所立的遗嘱。立有数份遗嘱，内容相抵触的，以最后的遗嘱为准。自书、代书、录音、口头遗嘱，不得撤销、变更公证遗嘱。"

对于遗嘱的撤销和变更，民法典继承编在立法过程中，根据各方面的意见和建议，对继承法第 20 条作了以下三个方面的修改完善。

（一）将遗嘱的"撤销"修改为"撤回"

根据意思表示的一般理论，民法上的"撤回"与"撤销"是不同的概念。"撤回"是对还未生效的意思表示予以撤回，使其不发生法律效力，而“撤销”是对已经生效的意思表示予以撤销，使其具有溯及力的消灭。遗嘱行为是死因民事法律行为，遗嘱在遗嘱人死亡时生效，遗嘱人只能在其死亡前即遗嘱生效前取消其意思表示，因此用“撤回”遗嘱表述更加准确。

（二）增加规定了遗嘱视为撤回的情形

在一些情况下，遗嘱人虽然没有以明示的意思表示撤回遗嘱，但是其行为已经表明撤回遗嘱时，应当承认遗嘱人具有撤回遗嘱的意思表示。例如，甲在遗嘱中指定其所有的珍贵字画由继承人乙继承，但是之后又将该字画出售给他人或者是故意毁弃的，应当认为甲撤回了该字画由乙继承的遗嘱。我国 1985 年颁布的《最高人民法院关于贯彻执行〈中华人民共和国继承法〉若干问题的意见》第 39 条规定，遗嘱人生前的行为与遗嘱的意思表示相反，而使遗嘱处分的财产在继承开始前灭失，部分灭失或所有权转移、部分转移的，遗嘱视为被撤销或部分被撤销。其他国家和地区的继承法律中也有相关规定，例如，《日本民法典》第 1023 条规定，前遗嘱与后遗嘱抵触时，关于抵触部分，视为以后遗嘱撤销前遗嘱；前款规定，准用于遗嘱与遗嘱后的生前处分及其他法律行为抵触的情形。我国台湾地区“民法”第 1221 条规定，遗嘱人于为遗嘱后所为之行为与遗嘱有相抵触者，其抵触部分，遗嘱视为撤回。我国民法典在借鉴国外立法例和吸收相关司法解释的基础上，增加规定了遗嘱视为撤回的情形，即“立遗嘱后，遗嘱人实施与遗嘱内容相反的民事法律行为的，视为对遗嘱相关内容的撤回”。需要注意的是，本款强调遗嘱人实施的行为是民事法律行为，即遗嘱人要有设立、变更和终止民事法律关系的意思表示，如果遗嘱人的行为并非出于自己的意愿，例如因过失而导致其遗嘱处分的标的物灭失的,不构成对遗嘱的撤回。

(三)删除了公证遗嘱优先效力的规定

继承法第 20 条第 3 款规定,自书、代书、录音、口头遗嘱,不得撤销、变更公证遗嘱,从而突出了公证遗嘱的优先效力。在民法典继承编的立法过程中,对于是否继续赋予公证遗嘱优先效力有不同意见。有的意见认为,目前社会上还存在诚信缺失的现象,公证遗嘱能最大程度保证遗嘱人遗嘱的合法性和真实性,且具有法定证明力,暂不能以其他形式的遗嘱取代公证遗嘱的效力。否则,不仅会大幅提高司法成本,也会增加确认遗嘱人真实意愿的难度。另外,该规定实施多年来已被社会大众所接受,目前公证遗嘱存量很多,如果取消其最高效力,如何处理也是一大难题。也有意见认为,公证遗嘱效力优先规则极大地限制了遗嘱自由,并且增加了立遗嘱的成本,当事人立公证遗嘱后只能以公证遗嘱的形式撤回和变更前一份公证遗嘱,在遗嘱人生命垂危难以办理公证遗嘱撤回或变更前一份公证遗嘱时,限制了遗嘱人真实的意思表示。其他国家的立法例也未赋予公证遗嘱优先效力。我们研究认为,公证遗嘱与其他形式的遗嘱相比,具有证明力更强的特点,然而继承法赋予公证遗嘱在适用效力位阶上的优先性,不允许遗嘱人以其他形式的遗嘱撤回或者变更,存在使遗嘱人的最终意愿不能实现、不当限制遗嘱自由等弊端,有悖于遗嘱制度的宗旨。为切实保障遗嘱人的真实意愿,民法典继承编删除了继承法关于自书、代书等形式的遗嘱不得撤销、变更公证遗嘱的规定,保留了继承法"立有数份遗嘱,内容相抵触的,以最后的遗嘱为准"的规定,即对于遗嘱人所立的内容相抵触的数份遗嘱,以立遗嘱的时间作为认定遗嘱有效的判断标准,无论遗嘱形式如何,遗嘱人最后所立的遗嘱具有优先适用的效力。

第一千一百四十三条　无民事行为能力人或者限制民事行为能力人所立的遗嘱无效。

遗嘱必须表示遗嘱人的真实意思，受欺诈、胁迫所立的遗嘱无效。

伪造的遗嘱无效。

遗嘱被篡改的，篡改的内容无效。

【释义】　本条是关于遗嘱无效的规定。

遗嘱是要式民事法律行为，其有效除了需要符合法律规定的形式方面的要求以外，还需要具备民事法律行为有效的条件，这既包括总则编规定的一般条件，也包括继承编规定的特别条件。本法总则编第143条规定，具备下列条件的民事法律行为有效：(1)行为人具有相应的民事行为能力；(2)意思表示真实；(3)不违反法律、行政法规的强制性规定，不违背公序良俗。继承编第1143条延续了1985年颁布的继承法第22条的规定，规定了在下列情形下遗嘱无效：

(一)遗嘱人不具有遗嘱能力

遗嘱能力是指自然人依法享有的可以用遗嘱形式处分个人财产的能力或资格。大多数国家的继承法对遗嘱能力都有规定，遗嘱能力的确定主要是依据遗嘱人的年龄和精神健康状况两个因素。例如，根据《德国民法典》第2229条的规定，遗嘱人的遗嘱能力必须满足两个条件：一是必须年满16周岁以上(成年年龄为18周岁)；二是必须精神正常，因精神错乱、精神损耗或者意识障碍而不能理解自己所作出的意思表示的意义，并且依此种理解作出行为的人,不得立遗嘱。《瑞士民法典》第468条规定,有判断能力且年满18岁的人,依法律规定的范围和方式,有权以遗嘱处分其财产。根据《瑞士民法典》第16条的规定,凡非因未成年、精神病、精神衰弱、酗酒或其他类似情况而不能理智地行为的人均具有本法意义上的判断能力。我国1985年颁布的继承法以及本法没有对遗嘱人的遗嘱能力作出专门规定,主要是适用民事行为能力的规定,即只有具有完全民事行为能力的人才可以立遗嘱。根据本法总则编的规定,成年人或者以自己的劳动收入为主要生活来源的16周岁以上的未成年人,且不存在不能辨认或者不能完全辨认自己行为情形的,为完全民事行为能力人。没有遗嘱能力的人,即无民事行为能力人或者限制民事行为能力人,所立的遗嘱无效。

(二)遗嘱并非遗嘱人真实的意思表示

为了保障遗嘱人的财产处分权以及遗嘱自由,维护合法的遗嘱继承人及受遗赠人的利益,法律要求遗嘱必须表示遗嘱人的真实意思,这就体现在两个方面:一是遗嘱必须出于遗嘱人的自愿,是其内心自由意志的体现,遗嘱人因受欺诈、胁迫所立的遗嘱无效;二是遗嘱的内容真实可靠,确实为遗嘱人的意思表示,伪造的遗嘱、遗嘱被篡改的部分是无效的。

欺诈、胁迫均构成对当事人意思表示自由的干涉,对于因受欺诈、胁迫而实施的民事法律行为,本法总则编第148条、第150条规定,一方以欺诈、胁迫手段,使对方在违背真实意思的情况下实施的民事法律行为,受欺诈方、受胁迫方有权请求人民法院或者仲裁机构予以撤销。受欺诈方、受胁迫方需要在法律规定的期限内行使撤销权,否则撤销权消灭,因受欺诈、胁迫而实施的民事法律行为自此成为完全有效的民事法律行为。

法律赋予受欺诈方、受胁迫方以撤销权,可以使其对自己实施的民事法律行为的效力作出选择,最大程度地尊重其意思自治,保护其合法权益。撤销权针对的是已经生效的民事法律行为,使其具有溯及力的消灭,立遗嘱的行为虽然也是一种民事法律行为,但是遗嘱自被继承人死亡时生效,已经死亡的遗嘱人无法撤销其有瑕疵的意思表示,为此本法规定受欺诈、胁迫所立的遗嘱无效,区别于一般的因受欺诈、胁迫而实施的民事法律行为的效力。

伪造的遗嘱与遗嘱被篡改的内容属于虚假的遗嘱,遗嘱人并未作出相应的意思表示,因此无效。需要注意的是,伪造与篡改有所区别:伪造的遗嘱整个遗嘱的意思表示都是假的,因此遗嘱全部无效;而篡改的遗嘱是在真实遗嘱的基础上对遗嘱的部分内容进行改动,由于遗嘱的内容可能是多方面的,并且各项内容之间可以是互相独立的,因此遗嘱被篡改的,只是被篡改的内容无效,不必然导致整个遗嘱无效,遗嘱中未被篡改的内容仍然有效,这也体现了对遗嘱人真实意思表示的尊重。

第一千一百四十四条　遗嘱继承或者遗赠附有义务的,继承人或者受遗赠人应当履行义务。没有正当理由不履行义务的,经利害关系人或者有关组织请求,人民法院可以取消其接受附义务部分遗产的权利。

【释义】　本条是关于附有义务的遗嘱继承或者遗赠的规定。

附有义务的遗嘱继承或者遗赠,是指遗嘱继承人或者受遗赠人在继承遗嘱人的财产时需要履行遗嘱人对其附加的特定义务,否则其接受附义务部分遗产的权利可能被法院取消的遗嘱继承或者遗赠。例如,某甲在遗嘱中写明,自己所有的一套房屋由继承人某乙继承,但是某乙需要在某甲死亡后允许某甲年老的父母在该房屋中居住直至过世。某乙如果接受继承该房屋,必须履行让某甲的父母在该房屋中居住直至过世的义务,否则其取得房屋的权利可能会被取消。

遗嘱人用遗嘱处分个人财产,将财产指定给他人继承时,可以要求继承其财产的人履行特定的义务,这种义务既可以是作为的义务,也可以是不作为的义务。只要遗嘱人附加的义务不违反法律的强制性规定以及不违背公序良俗,遗嘱人的这种安排是法律所允许的,这不仅能充分发挥遗嘱人财产的价值,还能让遗嘱人的遗愿得以实现,充分尊重遗嘱人的意思表示。大部分国家和地区的继承法对附有义务的遗嘱或者称为附负担的遗嘱都有明确规定。《德国民法典》第 1940 条规定,被继承人可以以遗嘱使继承人或者某个受遗赠人担负给付义务,而不给予他人以给付请求权(负担)。《瑞士民法典》第 482 条第 1 款规定,被继承人可以为其处分附加条件或者要求。在处分生效时,各利害关系人可以请求履行上述附加条件或者要求。《日本民法典》第 1002 条第 1 款规定,受附负担遗赠者,只于不超过遗赠标的价额的限度内,负有履行负担义务的责任。我国台湾地区“民法”第 1205 条规定,遗赠附有义务者,受遗赠人以其所受利益为限,负履行之责。我国 1985 年颁布的继承法第 21 条规定,遗嘱继承或者遗赠附有义务的,继承人或者受遗赠人应当履行义务。没有正当理由不履行义务的,经有关单位或者个人请求,人民法院可以取消他接受遗产的权利。从上述国家和地区的立法例来看,有的国家规定既可以在遗嘱继承中附有义务,也可以在遗赠中附有义务;而有的国家和地区只规定了在遗赠中附有义务。根据我国继承法的规定,附有义务的遗嘱既可以适用于遗嘱继承,也可以适用于遗赠,适用范围较为宽泛。

民法典继承编对于附有义务的遗嘱继承和遗赠在继承法第 21 条的基础上作了修改完善。在理解本条规定时,需要注意以下几个方面:

一是遗嘱继承人或者受遗赠人履行遗嘱所附义务的前提为接受继承或者遗赠。立遗嘱是单方民事法律行为,遗嘱人在遗嘱中为遗嘱继承人或者受遗赠人附加义务时,并不需要和遗嘱继承人或者受遗赠人达成合意。由于遗嘱所附的义务附随于遗嘱继承权或者受遗赠权,在遗嘱生效后,遗嘱继承人和受遗赠人可以通过接受或者放弃继承和受遗赠的方式选择是否履行遗嘱所附加的义务。遗嘱继承人或者受遗赠人如果接受继承或者受遗赠,则应当履行该义务;如果放弃继承或者受遗赠,则不必履行该义务。

二是遗嘱继承人或者受遗赠人不履行遗嘱所附义务的法律后果为由法院取消其接受附义务部分遗产的权利。如果遗嘱人在遗嘱中为继承人或者受遗赠人接受遗产附加了义务,实际上为继承人或者受遗赠人取得遗产设置了条件,继承人或者受遗赠人只有履行了相关义务,才符合取得遗产的条件。如果继承人或者受遗赠人无正当理由不履行遗嘱所附义务的,就不符合取得遗产的条件,其取得遗产的行为违背了遗嘱人的意愿,法律需要规定相应的救济措施。例如,《德国民法典》第 2194 条规定,继承人、共同继承人和因被加重负担者出缺而直接受益的人可以请求被加重负担者执行负担。如果执行负担涉及公共利益,则主管机关也可以要求执行。《日本民法典》第

1027条规定,受附负担遗赠的人,不履行其负担的义务时,继承人得定相当期间催告其履行。如果在其期间内不履行时,得向家庭法院请求撤销该附负担遗赠相关之遗嘱。对不履行附有义务的遗嘱的法律后果,主要有强制义务人履行义务和撤销义务人取得的遗产。我国民法典规定,对于没有正当理由不履行义务的遗嘱继承人或者受遗赠人,经相关主体申请,法院可以取消其接受附义务部分遗产的权利,而不能请求法院强制继承人或者受遗赠人履行义务。需要提及的是,1985年颁布的继承法规定法院可以取消不履行义务的继承人或者受遗赠人"接受遗产的权利",本法将其修改为"接受附义务部分遗产的权利",将可以取消接受的遗产范围界定得更为明确。

三是可以向法院申请取消义务人接受遗产的权利的主体为利害关系人或者有关组织。由于遗嘱生效时遗嘱人已经死亡,为了保障遗嘱中所附义务的履行和遗嘱人意愿的实现,就需要由相关主体监督义务人履行相应的义务。本法规定如果遗嘱继承人或者受遗赠人不履行义务,利害关系人或者有关组织有权向法院申请取消义务人接受附义务部分遗产的权利。利害关系人或者有关组织可以为法定继承人、遗嘱执行人、因遗嘱所附义务的履行而受益的自然人和组织等。

第四章　遗产的处理

本章共19条,规定了遗产处理的程序和规则,并在继承法的基础上，进一步完善了有关遗产处理的制度：一是增加遗产管理人制度，明确了遗产管理人的产生方式、职责和权利等内容；二是完善遗赠扶养协议制度，适当扩大扶养人的范围，明确继承人以外的组织或者个人均可以成为扶养人，以满足养老形式多样化需求；三是完善无人继承遗产的归属制度，明确归国家所有的无人继承遗产应当用于公益事业。

第一千一百四十五条　继承开始后，遗嘱执行人为遗产管理人；没有遗嘱执行人的，继承人应当及时推选遗产管理人；继承人未推选的，由继承人共同担任遗产管理人；没有继承人或者继承人均放弃继承的，由被继承人生前住所地的民政部门或者村民委员会担任遗产管理人。

【释义】　本条是关于遗产管理人选任的规定。

遗产管理人是在继承开始后遗产分割前，负责处理涉及遗产有关事务的人。被继承人死亡后，如何处理遗产不仅涉及继承人之间的利益分配，还涉及被继承人生前的债权人的利益。因此，需要有人妥善保管遗产，并在不同主体之间分配好遗产。继承法未规定遗产管理人，但随着我国经济的快速发展，人民群众的财富不断增加，自然人死亡后，往往会留下很多遗产，很多被继承人在留下巨额遗产的同时，还有很多债务需要偿还，因此，建立遗产管理人制度显得越来越有必要。

不少国家和地区的民法都规定了遗产管理制度，只是遗产管理人的选任方法不尽相同。例如，《法国民法典》第812条规定，任何人均可以委托一个或者数个自然人或者法人以一名或者数名已经确定身份的继承人的名义并为他们的利益管理遗产之一部或者全部,但保留赋予遗嘱执行人的权利。委托代理人可以是某个继承人。委托代理人应当具备完全的行为能力;在概括遗产中包含有从事职业的遗产时,受托人没有受到禁止管理此种财产的处分。委托代理人不得为负责处理遗产的公证人。第813-1条规定,由于一名或者数名继承人对遗产怠于管理、缺乏管理或者管理上有过错,或者由于继承人之间不和、利益有冲突或者遗产状况较为复杂,法官得指定任何有资格的自然人或者法人作为管理遗产的受托人暂时管理遗产。前款请求由一名继承人提出,或者由债权人提出,或者由在死者生前即为其管理全部或一部财产的任何人、其他有利益关系的任何人或者检察院提出。《瑞士民法典》第554条规定:(1)在下列情况下,命令管理遗产:当继承人不在且无代理人时,但以其利益的需要为限;当声明人中无人能证明其继承权,或某继承人生死不明时;当未知悉被继承人的全部继承人时;法律规定的特别情况。(2)被继承人指定的遗嘱执行人,有遗产的管理权。(3)被监护人死亡时,遗产管理权归属监护人。但另有约定时,不在此限。《德国民法典》第1981条规定:(1)建立遗产管理,在继承人申请颁发命令时,由遗产法院颁发此命令。(2)在有理由认为因继承人的行为或继承人的财产状况将危害债权人就遗产取得清偿时,经债权人申请,应颁发建立遗产管理的命令;在允受继承后已经过两年时,不得再提出申请。《意大利民法典》第508条规定,在交出遗产的声明登记之后,继承开始地的初审法院法官可以根据继承人、债权人、受遗赠人的申请或者依职权任命一名保佐人,以便由该保佐人根据本法第498条及后条的规定对遗产进行清算。任命保佐人的决定应当记录在继承登记册上。支付了保佐费用并且按照清偿顺序表清偿了债权人和受遗赠人之后的剩余遗产属于继承人,未申报债权的债权人和受遗赠人在本法第502条第3款规定的范围以内对继承人享有的诉权不在此限。第528条规定,在根据遗嘱或法律有权取得遗产之人没有接受继承并且也未对遗产实行占有的情况下,继承开始地的初审法院法官可以根据利害关系人的请求或者依职权任命一名遗产保佐人。任命保佐人的决定由初审法院书记员负责刊登在省级法律公报上并且在继承登记册上进行登记。我国台湾地区“民法”第1152条规定,前条公同共有之遗产,得由继承人中互推一人管理之。第1177条规定,继承开始时,继承人之有无不明者,由亲属会议于1个月内选定遗产管理人,并将继承开始及选定遗产管理人之事由,向法院报明。第1178条之一规定,继承开始时继承人之有无不明者,在遗产管理人选定前,法院得因利害关系人或检察官之声请,为保存遗产之必要处置。我国澳门特别行政区民法典第1918条规定,待分割财产管理人一职由下列之人按顺序担任:(1)生存配偶,只要其为继承人或夫妻所采用之财产制非为分别财产制;(2)遗嘱执行人,但遗嘱人有相反意思表示者除外;(3)死者之血亲或与死者生前有事实婚关系之人,但须为依法继承人;(4)遗嘱继承人。第1921条规定,如以上各条所指之全部人均推辞担任待分割财产管理人一职或被撤职,则由法院依职权或应任何利害关系人之声请,又或在须进行强制性财产清册程序时应检察院之请求,指定待分割财产管理人。第1922条规定,以上各条之规定不具有强制性;经全部利害关系人达成协议,得将遗产之管理及待分割财产管理人之其他职务交予他人负责:如需进行强制性财产清册程序,则有关协议须由全部利害关系人及检察院共同达成。

根据本条规定,可以由以下主体担任遗产管理人:

(1)由遗嘱执行人担任遗产管理人。遗嘱执行人是遗嘱人在遗嘱中指定的执行遗嘱事务的人。一般而言,遗嘱执行人都是被继承人信任之人,否则被继承人是不会在遗嘱中指定其为遗嘱执行人。被继承人在遗嘱中有指定遗嘱执行人的情况下,由遗嘱执行人担任遗产管理人更为合理:一方面,遗嘱执行人是被继承人信任的人,由其管理遗产更符合被继承人意愿;另一方面,遗嘱执行人执行遗嘱本来就需要处理遗产,由其担任遗产管理人也更为便利。

(2)由继承人推选出遗产管理人。并非所有自然人生前都会立遗嘱,即便立了遗嘱也未必指定遗嘱执行人。没有遗嘱执行人还可能是因为遗嘱执行人死亡造成。被继承人对于由谁管理遗产并未作出任何意思表示的,被继承人死亡后,一般而言,为了处理被继承人的后事,继承人之间都会推选出主事之人,负责处理被继承人的丧葬奠仪、遗产分割等善后事务。本条规定,没有遗嘱执行人时,由继承人推选出遗产管理人,这也符合通常做法。所谓推选,就是全体继承人共同推举出其中1名或者数名继承人为遗产管理人。至于全体继承人之间按照何种规则推选,是按照少数服从多数的规则还是全体一致同意的规则,则由继承人之间协商确定。

(3)由继承人共同担任遗产管理人。如果继承人未推选遗产管理人,则由全体继承人共同担任遗产管理人。没有推选可能是由于以下两种情况之一:第一,继承人人数少,没必要推选遗产管理人,或者继承人达成一致由全体继承人共同管理遗产;第二,继承人之间无法推选出一致认可的遗产管理人。在全体继承人担任遗产管理人时,就涉及全体继承人如何作出决策的问题,此时也需要由全体继承人协商达成一致。

(4)由民政部门或者村民委员会担任遗产管理人。被继承人死亡后,如果没有继承人或者继承人均放弃继承的,遗产就属于无人继承的遗产,根据本法继承编的规定,此种遗产的归属需要根据被继承人的身份作不同的处理:如果被继承人是集体所有制组织成员的,遗产归其生前所在的集体所有制组织所有;如果被继承人并非集体所有制组织成员的,则其遗产归国家所有并用于公益事业。因此,为了妥善保管并更好地处理被继承人的遗产,城镇居民的无人继承遗产由民政部门担任遗产管理人更为妥当;农村居民生前作为集体所有制组织成员,享受了集体所有制组织的很多权益,遗产由其所在的村民委员会管理也是合理的。

第一千一百四十六条　对遗产管理人的确定有争议的,利害关系人可以向人民法院申请指定遗产管理人。

【释义】　本条是关于法院指定遗产管理人的规定。

本法第1145条规定了遗产管理人选任的规则,如果遗嘱执行人、继承人之间就遗嘱管理事务达成一致,按照法律规定的顺序选任遗产管理人即可。但是,遗产管理毕竟涉及诸多人的利益,难免会因为选任谁担任遗产管理人而发生争议。因确定遗产管理人而发生的争议,可能有三种:第一种是遗嘱执行人不愿意参与遗产管理,或者有多个遗嘱执行人之间因遗产管理发生纠纷;第二种是继承人之间因为遗产管理发生纠纷;第三种是其他利害关系人对遗产管理人的确定有异议。所谓其他利害关系人,是指遗嘱执行人、继承人之外的与遗产有利害关系的当事人，比如受遗赠人。

（一）管辖法院

民事诉讼法第33条第3项规定，因继承遗产纠纷提起的诉讼，由被继承人死亡时住所地或者主要遗产所在地人民法院专属管辖。根据该规定，涉及继承遗产的纠纷应当由特定法院专属管辖。确定遗产管理人的纠纷也属于因继承遗产引发的纠纷，故也应由被继承人死亡时的住所地或者主要遗产所在地法院管辖。由这两类法院管辖，主要是因为被继承人死亡时的住所地和主要遗产所在地的法院，与遗产存在密切联系，便于了解案情，能够更便利地审理此类纠纷。被继承人死亡时的住所地，需要根据本法总则编的有关规定确定。总则编第25条规定，自然人以户籍登记或者其他有效身份登记记载的居所为住所；经常居所与住所不一致的，经常居所视为住所。因此，被继承人死亡时的住所地就是其经常居住地或者户籍、其他身份证件登记的居所所在地。所谓主要遗产所在地就是被继承人的绝大部分遗产的所在地。

（二）提起诉讼的主体

本条规定利害关系人如果就遗产管理人的确定有争议，均可以请求人民法院指定。这里的利害关系人一般包括遗嘱执行人、继承人、被继承人生前住所地的民政部门或者村民委员会，以及受遗赠人等与遗产有利害关系的人。

（三）人民法院指定遗产管理人的范围

本法第1145条规定遗产管理人的范围包括遗嘱执行人、继承人、民政部门或者村民委员会。因此，人民法院也在这些主体中指定遗产管理人。如果是多个遗嘱执行人因为担任遗产管理人有争议，则可以在其中指定一名或者数名遗嘱执行人为遗产管理人;如果是遗嘱执行人与继承人之间因遗产管理有纠纷,则可以在遗嘱执行人与继承人之间选择一人或者数人担任遗产管理人;如果是继承人之间因遗产管理人的确定发生纠纷,则应当在继承人之间指定合适的遗产管理人;如果是被继承人生前住所地的民政部门或者村民委员会之间因遗产管理人的确定发生纠纷,则需要在两者之间确定合适的机构担任遗产管理人。人民法院确定遗产管理人应当结合被继承人生前所立遗嘱等有关文件,尽量尊重被继承人的内心意愿,同时应当根据候选人的能力水平、与被继承人的关系亲疏程度、公信力等来确定。

第一千一百四十七条　遗产管理人应当履行下列职责:

(一)清理遗产并制作遗产清单;

(二)向继承人报告遗产情况;

(三)采取必要措施防止遗产毁损、灭失;

(四)处理被继承人的债权债务;

(五)按照遗嘱或者依照法律规定分割遗产;

(六)实施与管理遗产有关的其他必要行为。

【释义】　本条是关于遗产管理人职责的规定。

遗产管理人选任之后,就要承担起管理遗产的职责。遗产管理人管理遗产就要实施各种管理遗产的行为,因此法律也就有必要明确遗产管理人职责的权限和范围。遗产管理人应当在法律规定的权限范围内实施管理遗产的行为。

不少国家、地区的民法中都有遗产管理人职责的相关规定。《日本民法典》第918条规定:(1)继承人须以对其固有财产相同的注意管理继承财产。但对其已作出承认或者放弃的表示时，不在此限。（2）家庭法院，根据利害关系人或者检察官的请求，可以随时对继承财产的保存作必要的处分。（3）第 27 条至第 29 条的规定准用于依前项规定由家庭法院已选任管理人的情形。第 27 条规定：（1）依照前两条的规定，家庭法院选任的管理人，须对其应管理的财产制作目录。该项费用从不在者的财产中支付。（2）于不在者生死不明时，如果有利害关系人或者检察官的请求，家庭法院可以对不在者设置的遗产管理人，命令其制作前项规定的目的。（3）除前两项规定的内容以外，家庭法院可以就其认定对不在者财产之保存有必要的处分，命令管理人为之。《德国民法典》第 1959 条第 1 款规定，继承人在拒绝遗产前处理遗产上的事务的，对于将成为继承人的人，继承人像无因管理人一样享有权利和负有义务。第 1960 条第 1 款、第 2 款规定：（1）在有需要的限度内，遗产法院必须致力保全遗产，直至遗产被接受之时。继承人不明或者不能肯定其是否已接受遗产的，亦同。（2）遗产法院尤其可以命令存放印章，提存金钱、有价证券和贵重物品，以及编制遗产目录，并为成为继承人的人选任保佐人（遗产保佐人）。我国台湾地区“民法”第 1179 条规定，遗产管理人之职务如左：（1）编制遗产清册；（2）为保存遗产必要之处置；（3）声请法院依公示催告程序，限定 1 年以上之期间，公告被继承人之债权人及受遗赠人，命其于该期间内报明债权及为愿受遗赠与否之声明，被继承人之债权人及受遗赠人为管理人所已知者，应分别通知之；（4）清偿债权或交付遗赠物；（5）有继承人承认继承或遗产归属国库时，为遗产之移交。前项第 1 款所定之遗产清册，管理人应于就职后 3 个月内编制之；第 4 款所定债权之清偿，应先于遗赠物之交付,为清偿债权或交付遗赠物之必要,管理人经亲属会议之同意,得变卖遗产。第1180条规定,遗产管理人,因亲属会议,被继承人之债权人或受遗赠人之请求,应报告或说明遗产之状况。我国澳门特别行政区民法典第1885条规定:(1)已被赋权继承遗产之可继承遗产之人,在尚未接受或抛弃遗产前,可管理有关遗产,只要迟延采取管理措施将会造成损失;(2)继承人有数人时,任一继承人均可作出紧急管理行为;然而,如有继承人反对作出紧急管理行为,则以继承人之多数意愿为准;(3)本条之规定,并不影响可为遗产指定保佐人。

根据本条规定,遗产管理人的职责包括以下几个方面:

一是清理遗产并制作遗产清单。遗产管理人要管理遗产,首先就必须掌握被继承人所遗留的遗产有哪些。因此,遗产管理人的首要职责就是清理遗产。清理遗产就是要清查整理所有的遗产,既要清理被继承人遗留的动产,也要清理不动产;既要清理有形财产,也要清理无形资产;既要清理债权,也要清理债务。清理遗产还包括应当将被继承人的个人财产与家庭共有财产予以区分,将个人财产与夫妻共同财产予以区分。遗产管理人在清理遗产时,就要实施清点遗产的必要行为,比如,向占有遗产的继承人、利害关系人了解情况,查询被继承人所投资的公司的财务状况,向银行查询被继承人的存款情况等,其他相关主体应当予以配合,确保遗产管理人能够依法履行职责。遗产管理人在清理遗产后,应当制作书面的遗产清单,详细列明被继承人遗留的所有财产情况、债权债务情况等。

二是向继承人报告遗产情况。继承人是有权参与遗产分割的人,与遗产有密切的利害关系。遗产管理人清理遗产并制作遗产清单后,应当向继承人报告遗产情况。首先,遗产管理人应当向全体继承人报告，既包括遗嘱继承人，也包括法定继承人。虽然被继承人生前的债权人要通过遗产清偿实现自己的债权，受遗赠人也可以获得被继承人所赠与的财产，但本项并未规定遗产管理人必须向债权人、受遗赠人报告遗产情况，因此，遗产管理人报告的对象限于继承人，而不包括受遗赠人和被继承人的债权人。其次，报告的形式应当是书面形式，因为本条第1项规定遗产管理人有制作遗产清单的义务，遗产管理人制作遗产清单后，就应当以书面形式向继承人报告。最后，遗产管理人应当向继承人全面报告遗产情况，就是要把所有的遗产情况告知全体继承人，包括各种不同的遗产类型，以及被继承人的债权债务等。当然，如果被继承人在遗嘱中特别说明，某项遗产应当秘密归属于某个特定的继承人的，则不宜向全体继承人公布。

三是采取必要措施防止遗产毁损、灭失。遗产管理人不仅需要清点遗产，还需要承担起积极妥善保管遗产的职责。在发现遗产存在毁损、灭失的风险时，应采取必要的措施防止遗产毁损、灭失。遗产管理人在接受遗产后，应当妥善保管遗产，这是遗产管理人最基本的职责。遗产的毁损、灭失包括两种情况：第一种是物理上的毁损、灭失。比如，遗产中包括易腐烂的水果、海鲜等，此类遗产如果不及时采取措施处理，可能腐败变质失去价值。遗产管理人此时就应当将此类遗产予以出售变现，保留其现金价值。第二种是法律上的毁损、灭失。比如，遗产中的部分动产遭受侵权威胁，或者被侵权人占有，甚至被犯罪分子盗窃等，遗产的完整权利受到威胁，此时遗产管理人也应当采取必要的法律措施，确保遗产不遭受非法侵害。需要注意的是，遗产管理人仅有防止遗产毁损、灭失的职责，而没有确保遗产增值的义务。比如,遗产中有上市公司股票若干万股,若正值股票市场动荡时期,股票价值波动很大,遗产管理人是否有必要根据市场价格情况将此股票出售,以防止股票贬值呢?遗产管理人对遗产不宜有太大的处分权,遗产管理人只要确保遗产处于正常状态,不至于毁损、灭失即可。当然,如果遗产管理人是由全体继承人共同担任,在全体继承人协商一致的情况下,对遗产实行必要的处分,也是可以的。

四是处理被继承人的债权债务。遗产不仅包括各种动产、不动产,还包括被继承人所享有的各种债权。遗产管理人的职责之一就是处理被继承人的债权债务。首先是处理债权。遗产管理人在清理遗产时,发现被继承人生前有债权的,应当依法向债务人主张债权,这种债权既包括合同之债,也包括侵权之债,还包括不当得利和无因管理之债。只要债务人未偿还所欠被继承人的债务,遗产管理人就可以通过各种方式(包括诉讼方式)依法请求债务人偿还。其次是处理债务。在分割遗产之前,应当清偿被继承人生前债务。因此,遗产管理人如果发现被继承人生前负有债务的,应当以遗产偿还此债务。当然,如果遗产管理人发现被继承人所遗留的债权债务仍处于诉讼程序之中,尚未最终确定,此时,遗产管理人就应当积极参与相关诉讼,依法维护遗产所涉及的权益,确保遗产利益最大化。遗产管理人处理完债权债务后,也应当将处理情况向继承人报告,以便继承人掌握遗产的实际情况。

五是按照遗嘱或者依照法律规定分割遗产。遗产管理人妥善保管遗产仅仅是暂时性职责,其最终任务就是分割遗产。遗产管理人分割遗产的依据包括以下两点:第一是遗嘱要求。如果被继承人生前留下了遗嘱,遗产管理人首先需要根据被继承人所立遗嘱处理遗产。如果遗嘱指定由特定继承人继承某些遗产,则应当将该等遗产分配给特定继承人;如果遗嘱中明确将某些遗产赠与特定的个人或者组织,遗产管理人应当遵从遗嘱的要求,将该等遗产交由遗嘱指定的受遗赠人。第二是法律规定。如果被继承人生前没有留下遗嘱的,遗产管理人则需要按照法定继承的相关规则来分割遗产。此时,遗产管理人必须按照继承编第2章"法定继承"中所规定的继承人范围、继承顺序、分配原则等分割遗产。当然,如果被继承人生前签订了遗赠扶养协议,那么遗产管理人就应当优先按照遗赠扶养协议的约定来处理遗产。

六是实施与管理遗产有关的其他必要行为。遗产管理人除了实施前面5项管理遗产的必要行为之外,还应当实施其他与管理遗产有关的必要行为,比如参与涉及遗产的有关事项、对遗产情况开展必要的调查等。本项为兜底性的规定,只要基于管理遗产的需要,遗产管理人就可以实施相关的行为,确保遗产得到妥善有效的管理。

第一千一百四十八条　遗产管理人应当依法履行职责,因故意或者重大过失造成继承人、受遗赠人、债权人损害的,应当承担民事责任。

【释义】 本条是关于遗产管理人责任的规定。

(一)遗产管理人应当依法履行职责

遗产管理人在管理遗产过程中,应当依法履行职责。遗产管理人在管理遗产时,首先,应当遵守继承编的相关规定。按照本法第1147条规定的权限实施管理遗产的各项行为,包括清理遗产、制作遗产清单、报告遗产情况、处理债权债务、分割遗产等。不管遗产管理人实施哪种行为，都应当尽职尽责，不得滥用管理权限。其次，遗产管理人在管理遗产时，不得违反法律，也不得违背公序良俗。不得违反法律就是应当遵守有关法律的规定，比如，被继承人生前欠有税款，遗产管理人就应当依法缴纳所欠税款，而不得违法偷税漏税。此外，如果遗产所在地对处理特定遗产有特殊的风俗习惯，遗产管理人也应当尊重这些习俗。

（二）遗产管理人的法律责任

遗产管理人如果未依法履行职责，根据本条规定，如果是因故意或者重大过失造成继承人、受遗赠人、债权人损害的，应当承担民事责任。因此，遗产管理人承担民事责任的构成要件包括三个：第一，遗产管理人在客观上实施了不当的遗产管理行为。遗产管理人必须是在实施遗产管理过程中给利害关系人造成了损害。如果不是因为遗产管理行为损害了继承人、受遗赠人、债权人的利益，则不属于本条规定的范畴，应当按照侵权责任编或者其他法律的规定承担责任。第二，遗产管理人在主观上有故意或者重大过失。所谓故意就是明知会侵害他人权益而为之。所谓重大过失就是违反一般正常管理者应尽的谨慎注意义务。第三，遗产管理人的行为给继承人、受遗赠人、债权人造成了损害，也就是遗产管理人的不当管理行为造成遗产的损失，进而损害了继承人、受遗赠人、债权人的利益。遗产管理人的前述行为造成继承人、受遗赠人、债权人损害的，需要承担民事责任，即需要承担赔偿损失等责任。

第一千一百四十九条　遗产管理人可以依照法律规定或者按照约定获得报酬。

【释义】 本条是关于遗产管理人报酬的规定。

遗产管理人管理遗产必然需要耗费时间和精力,特别是对于巨额遗产的管理人而言,需要花费更多的精力。遗产管理人不仅要履行法律规定的职责,还需要承担因过错造成利害关系人损失的责任。权利应当与义务相匹配,赋予遗产管理人获得报酬的权利不仅是必要的,也是合理的。

有的国家的民法典也规定了遗产管理人有权获得报酬。《德国民法典》第 1987 条规定,遗产管理人可以为其职务的执行而请求适当的报酬。《法国民法典》第 812-2 条规定,在没有相反约定时,身后遗产的委托管理不收取报酬。如规定给付报酬,应当在委托书中明文规定报酬。报酬数额应当与由受托人实行管理带来的遗产孳息与收入之部分相一致。在由此产生的孳息不足或者无收入的情形,此项报酬可以用本金不足或者采取本金的形式。

本条规定,遗产管理人可以依照法律规定或者按照约定获得报酬。首先,遗产管理人可以获得报酬,也可以不收取报酬。是否获得报酬,需要视具体情况而定。其次,如果法律规定遗产管理人有权获得报酬的,遗产管理人可以要求获得报酬;如果当事人之间约定遗产管理人可以获得报酬的,根据此约定,遗产管理人也可以获得报酬。最后,遗产管理人报酬的多少可以由当事人约定,如果是人民法院指定遗产管理人的,人民法院可以酌情确定遗产管理人的报酬。

第一千一百五十条　继承开始后,知道被继承人死亡的继承人应当及时通知其他继承人和遗嘱执行人。继承人中无人知道被继承人死亡或者知道被继承人死亡而不能通知的,由被继承人生前所在单位或者住所地的居民委员会、村民委员会负责通知。

【释义】 本条是关于继承开始通知的规定。

（一）继承开始通知的重要性

继承开始意味着继承人范围的确定、继承人和受遗赠人能够作出接受与放弃的意思表示等。继承开始通知直接影响利害关系人权利的行使与放弃。首先，继承开始通知对于继承人而言，意味着继承人是否享有继承权，能否作出接受与放弃的意思表示。因为只有在继承开始后，继承人才能判断自己是否在继承人的范围内，是否享有继承权，能否作出接受与放弃继承的意思表示，如果继承人未收到继承开始通知，将无法作出判断。其次，继承开始通知对于遗嘱执行人而言也很重要，继承开始，意味着遗嘱生效，遗嘱执行人就需要开始执行遗嘱。如果遗嘱执行人没有收到继承开始通知，就无法判断遗嘱是否开始生效，是否需要执行遗嘱。最后，继承开始通知对于受遗赠人而言同样重要，因为受遗赠人在知道受遗赠后，即接到继承开始通知并知悉受遗赠的事实，就必须在法定期限内作出是否接受遗赠的意思表示，没有作出意思表示的视为拒绝接受。如果受遗赠人未收到继承开始通知，其无从知道是否受遗赠，作出是否接受遗赠也就无从谈起。此外，继承开始通知对于遗赠扶养协议中的扶养人、债权人等其他利害关系人而言，也很重要。对于遗赠扶养协议一方的扶养人而言，在继承开始后，就可以根据协议约定取得受遗赠的财产。对于债权人而言，在得到继承开始通知后，就可以向遗产管理人主张通过遗产实现债权。

关于继承通知，不少国家和地区的民法都有规定。例如，我国台湾地区“民法”第1212条规定，遗嘱保管人，知有继承开始之事实时，应即将遗嘱提示于亲属会议。无保管人而由继承人发见遗嘱者亦同。我国澳门特别行政区民法典第 1887 条规定,如人为所知之可继承遗产之人在被赋权继承遗产后 15 日内未接受或抛弃遗产,则法院应检察院或任何利害关系人之声请,得命令通知该人于所定之期间内作出接受或抛弃遗产之表示。

(二)继承开始通知的义务人

本条规定,继承开始后,知道被继承人死亡的继承人应当及时通知其他继承人和遗嘱执行人。首先,负有继承开始通知义务的人是继承人。通常来说,与被继承人共同生活的继承人最先知道被继承人死亡的事实。因此,继承人知道被继承人死亡时,有义务及时通知其他继承人和遗嘱执行人。

本条还规定,继承人中无人知道被继承人死亡或者知道被继承人死亡而不能通知的,由被继承人生前所在单位或者住所地的居民委员会、村民委员会负责通知。被继承人死亡时,可能没有继承人知道被继承人死亡的事实,或者因为继承人是无民事行为能力人而无法通知,在此情况下,法律规定被继承人生前所在单位或者住所地的居民委员会、村民委员会有通知义务。因此,负有继承开始通知义务的主体还包括被继承人生前所在单位、住所地的居民委员会或者村民委员会。被继承人生前所在单位就是被继承人生前最后工作的单位,可能是被继承人尚在服务的单位,也可能是被继承人退休的单位。由于很多企业的人员退休后,养老等关系都转入社会保障部门,与单位不再有联系,所以被继承人生前所在单位也未必知道其死亡的事实,在这种情况下,就由被继承人住所地的居民委员会或者村民委员会负责通知。

当然,除了法律规定的通知义务人之外,其他知晓被继承人死亡事实的主体,也可以告知利害关系人被继承人死亡的事实。

（三）继承开始通知的发出

本条规定，继承人应当及时通知其他继承人和遗嘱执行人。根据本法第1121条第1款规定，继承从被继承人死亡时开始。因此，从时间上而言，在继承人等通知义务人知悉被继承人死亡的事实后，应当及时通知其他继承人、遗嘱执行人。所谓及时通知就是立刻而不迟延地发出继承开始的通知。

发出继承开始通知的方式，既可以是口头通知，也可以是书面通知。随着现代信息技术的发展，通知方式可以灵活多样，可以是电话通知、短信通知或者借助其他互联网即时通信工具发出通知。

第一千一百五十一条　存有遗产的人，应当妥善保管遗产，任何组织或者个人不得侵吞或者争抢。

【释义】　本条是关于遗产保管的规定。

遗产是被继承人遗留的个人财产，是被继承人生前享有所有权的财产。被继承人死亡后，遗产的所有权随之转移。被继承人的财产在被继承人生前可能由其自己占有和控制，也可能由其他人占有和控制。被继承人死亡后，就涉及遗产的保管问题。

遗产保管问题，不少国家和地区民法都有类似规定。例如，《日本民法典》第918条第1款和第2款规定：（1）继承人应以与其固有财产同一的注意管理继承财产。但已承认或放弃时，不在此限。（2）家庭法院，因利害关系人或检察官的请求，无论何时，均得对继承财产的保存命令为必要的处分。第940条第1款规定，已放弃继承的人，在因其放弃而成为继承人的人可以开始管理继承财产以前,须以对自己财产同一的注意,继承管理继承财产。我国台湾地区“民法”第1176条之一规定,抛弃继承权者,就其所管理之遗产,于其他继承人或遗产管理人开始管理前,应与处理自己事务为同一之注意,继续管理之。

本条规定,存有遗产的人,应当妥善保管遗产,任何组织或者个人不得侵吞或者争抢。

(一)妥善保管遗产

根据本条规定,只要是存有遗产的人,都有义务妥善保管遗产。一是负有保管义务的主体是存有遗产的人。不管什么人,只要存有遗产,都有保管义务。被继承人死亡后,有的遗产可能由继承人占有,有的遗产可能是银行存款,有的遗产可能是由他人承租的不动产,有的遗产可能被他人借用,有的遗产可能被被继承人所投资公司的其他股东所控制,有的专利可能正在被其他许可人使用,不论是什么人存有遗产,都有义务对这些遗产予以保管。即便某继承人放弃了继承,如果该继承人存有遗产,也有义务保管好直至其他继承人接手。二是必须妥善保管。存有遗产的人,必须像善良管理人一样保管好遗产,确保遗产不被损害、毁损或者灭失。妥善保管就是维持遗产的正常状态。这种保管仅仅是一种消极性的义务,保管人并没有义务确保遗产保值增值。比如,如果存有的遗产是有价证券,市场价值波动很大,保管人没有义务根据市场行情予以变现防止价值贬损。但是,如果存有的是易腐败的食品等遗产,保管人就有义务予以变卖、拍卖,防止遗产腐败丧失价值。如果存有遗产的人与被继承人没有合同或者其他法律关系,此时即构成无因管理关系,需要根据无因管理的法律规定承担义务,享有权利。

存有遗产的人如果不愿意保管遗产，在遗产管理人确定之后，就应当将遗产交给遗产管理人保管。

（二）不得侵吞或者争抢遗产

本条还规定，任何组织或者个人都不得侵吞或者争抢遗产。存有遗产的人有妥善保管遗产的义务，而对于其他人而言，则不得侵害遗产。一方面，对于存有遗产的人来说，其必须妥善保管遗产，但不得侵吞遗产。所谓侵吞就是据为己有，不论谁存有遗产，都必须如实告知遗产管理人其存有遗产的事实，在其不愿意继续保管时，还应当将遗产交由遗产管理人。即便根据被继承人所留下的遗嘱该遗产由其继承或者受遗赠，存有遗产的继承人或者受遗赠人也必须告知遗产管理人，遗产由其存有。比如，甲生前留有一份遗嘱，遗嘱中将其所有的一幅名人字画A指定由其孙子乙继承。乙由于办画展需要，曾向甲借用A字画，画展结束后未归还给甲而是继续留在自己家中。甲死亡后，乙得知遗嘱指定了A字画由其继承，此时，乙也应当将其存有A字画的事实告知其他继承人或者遗嘱执行人。另一方面，不论遗产由谁保管，其他任何组织和个人都不得抢夺遗产。所谓抢夺就是非法夺取。虽然遗产最终都将由继承人分割，但只要遗产不是由继承人存有，任何继承人都不得抢夺，继承人之外的人也不得抢夺。不仅个人不得抢夺遗产，任何组织也不得抢夺遗产。当然，如果遗产被依法征收、征用的，需要由享有法定权限的机关按照法定程序实施，必须依法给予补偿。

侵吞或者抢夺遗产，都需要依法承担责任。不仅可能需要承担相应的民事责任，甚至可能因为其实施的行为构成犯罪而需要承担刑事责任。

当然，如果遗产管理人因为清理、管理遗产的需要，要求存有遗产的人交出遗产，存有遗产的人就应当将遗产交由管理人统一管理，以便遗产管理人清理遗产、制作遗产清单并依法对遗产进行分割。

第一千一百五十二条　继承开始后，继承人于遗产分割前死亡，并没有放弃继承的，该继承人应当继承的遗产转给其继承人，但是遗嘱另有安排的除外。

【释义】 本条是关于转继承的规定。

继承根据继承人本人是否实际继承，可以分为本继承、代位继承和转继承。本继承就是继承人自己在继承顺序之中直接继承被继承人财产。代位继承就是在继承顺位之中的继承人于被继承人死亡前死亡，而由其直系卑亲属或者其兄弟姐妹的子女代位继承。被代位继承的人称为被代位继承人，实际继承的人称为代位继承人。转继承就是继承人本人在遗产分割前死亡时，其应得的遗产份额转由其继承人继承。被转位继承的人称为被转继承人，实际继承的人称为转继承人。

关于转继承，不少国家和地区的民法典中都有规定。例如，《法国民法典》第 781 条规定，如应继承遗产的人未放弃继承，亦未明示或默示接受继承而死亡时，该继承人的继承人得以前者的名义接受或放弃继承。《瑞士民法典》第 569 条第 1 项规定，继承人在表示抛弃或者接受遗产之前死亡时，其抛弃权转移至其继承人。《日本民法典》第 916 条规定，继承人未表示承认或放弃而死亡时，前条第 1 项的期间，自其继承人知道自己的继承已经开始之时起算。《俄罗斯联邦民法典》第 1156

条规定:(1)如果遗嘱继承人或法定继承人于继承开始前死亡而未能在规定期限内接受遗产,则其接受其应得遗产的权利移转给他的法定继承人,而如果对所有遗产已经立了遗嘱,则移转给他的遗嘱继承人(转继承)。依照转继承程序接受遗产的权利不包括在他死后开始继承的遗产之中。(2)属于已经死亡的继承人的接受遗产的权利,可以由他的继承人依照一般根据实现。如果继承人死后接受遗产所剩的期限少于3个月,则该期限延长至3个月。在接受遗产的规定期限届满后,如果法院发现已死亡的继承人的继承人因正当理由错过了该期限,则可以由法院依照本法典第1155条确认他们已经接受遗产。(3)继承人接受作为必继份额(第1149条)的那部分遗产的权利,不得移转给他的继承人。我国澳门特别行政区民法典第1896条规定:(1)如被赋权继承之可继承遗产之人在未接受遗产或抛弃遗产前死亡,则接受或抛弃遗产之权利转移予其继承人;(2)接受或抛弃遗产之权利仅在上述继承人接受死者遗产时方予转移,但该等继承人仍得按其意愿而抛弃遗产死者被赋权继承之遗产。

本条规定,继承开始后,继承人于遗产分割前死亡,并没有放弃继承的,该继承人应当继承的遗产转给其继承人;但是遗嘱另有安排的除外。根据本条规定,发生转继承的条件包括:一是被转继承人在被继承人死亡后,遗产分割前死亡。被转继承人只有在此特定的时段死亡才发生转继承的问题。如果在被继承人死亡前死亡,则可能发生代位继承的问题;如果在遗产分割之后死亡的,则是一个新的继承问题,不存在转继承。二是被转继承人未放弃继承。如果被继承人死亡后,继承人放弃继承的,继承人的继承权已经不复存在,所谓的转继承也就无从谈起。三是遗嘱没有其他安排。所谓遗嘱没有其他安排,就是被继承人在其遗嘱中,没有特别说明所留遗产仅限于给继承人本人,不得转继承给其他人。

转继承的法律后果是,继承人应当继承的遗产转给其继承人。所谓继承人应当继承的遗产,就是不管根据法定继承还是遗嘱继承,只要应由继承人继承的财产,都适用转继承。转给其继承人,就是被转继承人应得到的一切遗产都转由其继承人继承。如被继承人甲有两个儿子,大儿子乙和小儿子丙。甲死亡后,留有遗嘱指定将其中的一个古董宋青花瓷瓶传给其长子乙,对于其他财产未作处理。在遗产分割前,乙不幸身故,生前未作任何放弃继承的意思表示。乙的继承人中仅有已出嫁的女儿丁。在分割遗产时,丁欲取走该青花瓷瓶。丙认为该古董系传家之宝,应当由其继承,故拒绝交给已经外嫁的丁。根据转继承的有关规定,由于甲在遗嘱中明确指定该古董由乙继承,虽然乙在遗产分割前死亡,但因其并未放弃继承,故其应得的遗产应通过转继承处理。作为乙的继承人丁,有权经转继承权取得该青花瓷瓶,丙不得拒绝。

代位继承与转继承有一定的相似之处,代位继承和转继承发生的前提都是继承人死亡,但二者也有诸多不同。一是基础事实不同。虽然代位继承与转继承中继承人死亡是基础,但代位继承中继承人是先于被继承人死亡,而转继承中继承人是后于被继承人死亡。二是继承人的范围不同。代位继承中代位继承人的范围限于被继承人的子女的直系晚辈血亲以及被继承人的兄弟姐妹的子女;转继承中所转位的继承人包括所有法定继承人。三是适用范围不同。代位继承仅限法定继承;转继承则既适用于法定继承,也适用于遗嘱继承。

第一千一百五十三条　夫妻共同所有的财产，除有约定的外，遗产分割时，应当先将共同所有的财产的一半分出为配偶所有，其余的为被继承人的遗产。

遗产在家庭共有财产之中的，遗产分割时，应当先分出他人的财产。

【释义】　本条是关于遗产确定的规定。

遗产是被继承人死亡时遗留的个人合法财产。确定个人遗产时，对于所有权明确属于被继承人个人所有的财产，自然属于遗产范畴。比如，被继承人生前个人使用的珠宝、图书等。但在大多数情况下，被继承人都不是独自生活的，而是与其他继承人共同生活，财产也往往是共同使用、共同所有。本条的规定就是针对被继承人与其他人共有财产时应当如何确定遗产的问题。

（一）遗产从夫妻共同财产中划分

本条第1款规定，夫妻共同所有的财产，除有约定的外，遗产分割时，应当先将共同所有的财产的一半分出为配偶所有，其余的为被继承人的遗产。因此，对于共同生活的夫妻而言，首先需要区分个人财产与夫妻共同财产。这需要根据夫妻财产制来判断：如果夫妻实行分别财产制，由于夫妻双方约定财产归各自所有，任何一方的财产都比较好确定；如果实行的是夫妻共同财产制，那就需要根据财产的状况来判断属于共同财产还是个人财产。

本法第1063条规定了属于夫妻一方财产的情形，具体包括：（1）一方的婚前财产；（2）一方因受到人身损害获得的赔偿或者补偿；（3）遗嘱或者赠与合同中确定只归一方的财产；（4）一方专用的生活用品；(5)其他应当归一方的财产。根据该条规定，被继承人的婚前财产、明确指定受赠人为其个人的财产、专用生活用品等，这些都属于个人财产，因此也就属于遗产的范畴。

本法第1062条第1款规定了夫妻共同财产的范围，该款规定："夫妻在婚姻关系存续期间所得的下列财产，为夫妻的共同财产，归夫妻共同所有：(一)工资、奖金、劳务报酬；(二)生产、经营、投资的收益；(三)知识产权的收益；(四)继承或者受赠的财产，但是本法第一千零六十三条第三项规定的除外；(五)其他应当归共同所有的财产。"对于这些夫妻共同财产，必须先予以分割，才能确定哪些属于被继承人的个人财产。根据继承编第1153条第1款的规定，对于夫妻共同财产，除有约定的外，遗产分割时，应当先将共同所有的财产的一半分出为配偶所有，其余的为被继承人的遗产。因此，对于夫妻共同财产，除非被继承人与其配偶另有约定，应当按各分一半的原则予以分割。

(二)遗产从家庭共同财产中划分

本条第2款规定，遗产在家庭共有财产之中的，遗产分割时，应当先分出他人的财产。被继承人与家庭成员共同生活，势必与其他家庭成员有家庭共同财产，在分割遗产时，也必须将其个人的共有份额划分出来，确定为遗产。例如，在土地承包经营的农户中有一家庭成员死亡，由于土地承包经营是以家庭为单位的，在分割遗产时，就需要根据农村土地承包法的规定予以分割。农村土地承包法第32条规定："承包人应得的承包收益，依照继承法的规定继承。"因此，可以继承的仅为被继承人应得的承包收益，即开展承包经营获得的部分收益。又如,甲一家四口在城市购买商品房一套,该房产的所有权属于按份共有产权,其中甲享有70%的所有权,其余三口人各占10%的所有权。甲死亡后,就应当将其所有的70%的产权划分出来,只有这70%的商品房的建筑物区分所有权属于遗产。

第一千一百五十四条　有下列情形之一的,遗产中的有关部分按照法定继承办理:

(一)遗嘱继承人放弃继承或者受遗赠人放弃受遗赠;

(二)遗嘱继承人丧失继承权或者受遗赠人丧失受遗赠权;

(三)遗嘱继承人、受遗赠人先于遗嘱人死亡或者终止;

(四)遗嘱无效部分所涉及的遗产;

(五)遗嘱未处分的遗产。

【释义】　本条是关于按法定继承办理的规定。

根据本法第1123条的规定,在涉及遗产处理的各种方式中,遗赠扶养协议最具有优先效力。如果被继承人生前签订了遗赠扶养协议,应当先按照遗赠扶养协议的内容处理遗产;如果被继承人立了遗嘱,则应当再按照遗嘱的内容处理遗产;最后才是按照法定继承来处理遗产。但是遗赠扶养协议、遗嘱都可能因为种种原因而无法执行或者不用执行,这就涉及这些遗产应当如何处理的问题。

法定继承作为法律规定的继承方式,能够填补被继承人的遗愿空白。因此,在被继承人未就遗产作处分或者所作处分因特定原因而不实际发生效力时,就需要按照法定继承处理被继承人的遗产。根据本条规定,在以下几种情况下,应当按照法定继承处理被继承人的遗产:

一是遗嘱继承人放弃继承或者受遗赠人放弃受遗赠。根据本法第 1124 条的规定,继承开始后,继承人可以放弃继承,受遗赠人可以放弃受遗赠。如果遗嘱继承人放弃遗嘱继承,那么遗嘱所涉及的部分遗产,就转为根据法定继承办理;同样如此,如果受遗赠人在知道受遗赠后明确表示放弃受遗赠的,或者在 60 日内未作接受遗赠的意思表示的,被继承人遗赠的那部分遗产就应按照法定继承办理。比如甲在遗嘱中说明,将其所藏一幅名人字画赠与好友乙。甲死亡后,其生前好友乙不愿意接受此名人字画,表示此字画还是留给甲的家人更为合适。乙作出了放弃受遗赠的意思表示,故此名人字画就应当由甲的继承人按照法定继承处理。

二是遗嘱继承人丧失继承权或者受遗赠人丧失受遗赠权。本法第 1125 条规定了继承人丧失继承权、受遗赠人丧失受遗赠权的法定事由。遗嘱继承人如果实施了法律规定的会导致丧失继承权的行为,丧失继承权后也未得到被继承人的宽恕,继承权未能恢复的,本来根据遗嘱应由其继承的遗产,因其丧失继承权而转为按照法定继承办理。同样,如果受遗赠人实施了特定行为,丧失了受遗赠权,本应由其接受的遗产也需要法律明确应当如何处理。继承法未对丧失受遗赠权作出规定,继承编在第 1125 条第 3 款增加规定后,本条作了进一步具体规定,明确受遗赠人丧失受遗赠权的,有关部分遗产也应按照法定继承办理。

三是遗嘱继承人、受遗赠人先于遗嘱人死亡或者终止。遗嘱继承人先于遗嘱人死亡的,遗嘱人可能并不知道这一事实或者已知道这一事实但未来得及修改遗嘱,此时,遗嘱所指定的继承人已经死亡,丧失民事主体资格,也就无法获得遗嘱继承权。需要注意的是,在法定继承情况下,继承人先于被继承人死亡的,可能将会发生代位继承,继承人的特定卑亲属将因代位继承而获得遗产。受遗赠的自然人先于遗嘱人死亡的,受遗赠的组织先于遗嘱人终止的,在遗嘱人死亡后,因为受遗赠人已经死亡或者终止,不再具有民事主体资格,也就无法就是否接受遗赠作出意思表示,同样不能获得遗赠的遗产。此时,遗嘱人所遗赠的此部分遗产,同样需要按照法定继承办理。

四是遗嘱无效部分所涉及的遗产。遗嘱继承优先于法定继承,但遗嘱继承优先的前提是遗嘱合法有效,如果遗嘱无效,那么,遗嘱就不具有执行的法律效力,遗嘱继承也就无从谈起。本编第1143条规定了遗嘱无效的法定情形,包括:无民事行为能力人或者限制民事行为能力人所立的遗嘱,遗嘱人受欺诈所立的遗嘱,遗嘱人受胁迫所立的遗嘱,伪造的遗嘱,遗嘱被篡改的部分。不论遗嘱是因为哪种原因导致无效,遗嘱所涉及的那部分遗产都必须按照法定继承办理。比如,老年人甲因老年痴呆失去民事行为能力,甲享有一套房产的所有权,同时还有银行存款30万元。甲因患病住院,住院期间护士乙为其提供了非常周到细致的照顾,甲遂立下遗嘱,写明将其银行存款30万元赠与护士乙。后甲因治疗无效逝世。对于甲在遗嘱中所写的30万元的存款的处理,因甲系无民事行为能力人,其所立遗嘱无效,故应按照法定继承办理。同样,因为遗嘱还存在部分无效的情形,此时,仅所涉部分遗产应按照法定继承办理。又如,丙有A、B两处房产的所有权,因丙的女儿丁非常孝顺,故丙在一份遗嘱中明确A房产归其女儿丁继承。此后,不孝之子戊获悉此事后,胁迫丙立遗嘱声明B房产归戊继承。丙死亡后,由于后一份遗嘱系戊胁迫丙所立,该遗嘱无效,故该遗嘱所涉及的 B 房产应按法定继承办理,而不能由戊单独继承。但因前一份遗嘱合法有效,故 A 房产仍应按照遗嘱继承办理,应当由丁继承。

五是遗嘱未处分的遗产。如果被继承人所立遗嘱会处分了全部遗产,此时就应按照遗嘱执行。如果遗嘱存在未处分的遗产,对这部分未处分的遗产就应按照法定继承办理。

所谓按照法定继承办理,就是根据本编第二章“法定继承”所规定的继承人范围、继承顺序、份额等依法对遗产进行分割。

第一千一百五十五条　遗产分割时,应当保留胎儿的继承份额。胎儿娩出时是死体的,保留的份额按照法定继承办理。

【释义】　本条是关于保留胎儿继承份额的规定。

总则编第 16 条规定,涉及遗产继承、接受赠与等胎儿利益保护的,胎儿视为具有民事权利能力;但是胎儿娩出时为死体的,其民事权利能力自始不存在。因此,根据该条的规定,胎儿在遗产继承方面是具有民事权利能力的。不少国家和地区的民法认可胎儿具有继承能力。例如,《瑞士民法典》第 544 条规定:(1)婴儿自怀胎时起有继承能力,但以出生时生存的为限。(2)死婴无继承资格。《德国民法典》第 1923 条第 2 款规定:在继承开始时尚未出生但已孕育的胎儿,视为在继承开始之前出生。《日本民法典》第 886 条规定:(1)胎儿就继承,视为已出生。(2)前款规定,不适用于胎儿以死体出生情形。我国台湾地区“民法”第 1166 条规定:胎儿为继承人时,非保留其应继份,其他继承人不得分割遗产。胎儿关于遗产之分割,以其母为代理人。我国澳门特别行政区民法典第 1873 条规定:(1)任何在继承开始时已出生或受孕且未被法律排除之人,以及澳门地区,均有继承能力。(2)属遗嘱继承者,下列者亦有继承能力:a)继承开始时在生之特定人之尚未受孕之未出生子女;b)法人。

根据总则编第16条的规定,既然视胎儿具有继承方面的权利能力,也就意味着胎儿可以享有继承权。因此,只要受孕在身,作为具有权利能力的一分子,胎儿就能够依法获得继承遗产的权利。但毕竟胎儿尚未出生,为了确保胎儿的继承权不受影响,继承编第1155条对此专门进行规定。

首先,遗产分割时,应当保留胎儿的继承份额。胎儿享有继承权,但是毕竟胎儿尚未出生,无法确认胎儿是否能够正常出生。因此本条规定在遗产分割的时候,需要保留胎儿的继承份额。所谓保留胎儿的继承份额,就是在计算参与遗产分割的人数时,应该将胎儿列入计算范围,作为参与分割的一分子,将其应得的遗产划分出来。需要注意的是,这里的继承份额,既包括法定继承时的继承份额,也包括遗嘱继承时的份额。在法定继承时,如果胎儿在继承人范围和继承顺序之内,应当按照法定或者协商确定的分割原则、比例计算胎儿的应继承遗产份额。在遗嘱继承时,如果遗嘱中明确哪些遗产属于受孕之胎儿的,那么在分割遗产时,就应将此部分遗产予以保留,而不得以胎儿尚未出生为由予以瓜分。保留的是胎儿应得的遗产份额,就是将胎儿按照一个普通继承人计算所应获得的遗产。如果遗产是不动产,对不动产实行价值分割时,就要保留胎儿应得的那部分价值;如果是对动产进行实物分割,就应保留胎儿应得的那部分实物。

其次,本条同时规定,胎儿娩出时是死体的,保留的份额按照法定继承办理。胎儿毕竟尚未出生，能否顺利分娩尚未可知。在胎儿分娩时可能有两种情况。第一种是顺利分娩，即顺利出生，胎儿即成为活的婴儿，也就成为独立的民事主体。这时，为胎儿所保留的遗产即成为出生之婴儿取得的遗产，当然继承。第二种情况就是分娩失败，娩出的胎儿为死体。根据总则编第16条规定，胎儿娩出时为死体的，其民事权利能力自始不存在。在这种情况下，胎儿的民事权利能力自始不存在，因此，包括继承的权利能力在内的所有权利能力都溯及地消灭。所保留的遗产自然无法为没有权利能力者取得。根据本条的规定，胎儿娩出时是死体的，为胎儿所保留的遗产份额，就需要按照法定继承办理，即由被继承人的法定继承人继承。例如，被继承人甲死亡时，留下价值600万元的房产一套，考虑到其妻子乙已怀孕，甲生前特地在遗嘱中明确将自己的存款100万元作为遗腹子的抚育资金，指定由胎儿继承。甲的父母、妻子对该房产进行价值分割时，依法对乙腹中的胎儿保留了其中的一份150万元。由于乙生产不顺导致胎儿未能顺利出生，胎死腹中。此时，为乙腹中胎儿所保留的遗嘱继承中的银行存款100万元、法定继承中的房产价值分割150万元，都需要按照法定继承办理，即由甲的法定继承人（包括甲的配偶乙、甲的父母）按照法定继承进行分割。

第一千一百五十六条　遗产分割应当有利于生产和生活需要，不损害遗产的效用。

不宜分割的遗产，可以采取折价、适当补偿或者共有等方法处理。

【释义】 本条是关于遗产分割的规定。

继承人在大多数情况下都不是只有一人,所以遗产往往需要数人参与继承。遗产的分割就是在共同参与继承的数个继承人之间,按照继承人应当继承的份额予以分配。遗产分割前由全体继承人共有,分割之后,各继承人所获得的遗产即转为其个人财产。正常情形下,遗产分割应该是继承的最后一个环节。继承从被继承人死亡后,即需要启动继承开始通知程序,确定继承人范围,选任遗产管理人,遗产管理人开始清点遗产、制作遗产清单、处理债权债务等,在清理完毕所有债权债务之后,最终剩下的遗产就是由继承人共同继承的遗产,各继承人要实现自己的继承权,最终就需要对遗产予以分割。

为了处理好继承人之间分割遗产的问题,不少国家或地区的民法也都会对遗产分割的规则予以规定。例如,《日本民法典》第906条规定,遗产的分割,应考虑属于遗产的物或权利的种类及性质、各继承人的年龄、职业、身心状态、生活状况及其他一切事情为之。第908条规定,被继承人得以遗嘱定分割的方式,或委托第三人定之。亦得自继承开始时起,在不超过5年期间内,禁止分割。《瑞士民法典》对遗产分割规定得更为详细,其中第607条规定:(1)法定继承人间,或与指定继承人间分割遗产时,应服从相同的方法;(2)除另有规定外,继承人得自行约定分割方法;(3)占有遗产中财产的,或为被继承人的债务人的共同继承人,在分割时,应对此作详细报告。第608条规定:(1)被继承人得以遗嘱为其继承人规定分割方法及分配标准;(2)前款的分割方法及分配标准,对继承人有约束力,但对被继承人无意造成的不平均分配进行的扣减,不在此限;(3)被继承人在遗嘱中无其他意思表示时,将遗产中的某物归属于某继承人的,应为分割标的,而非遗赠。第 612 条规定:(1)因分割而严重损害其价值的物,应完整地分配给继承人中之一人;(2)继承人间对某物的分割或分配不能达成协议时,应变卖该物,并分割价金;(3)继承人中一人请求变卖时,应采用拍卖的方式。但是,就采取公开拍卖或在继承人中拍卖,继承人间不能达成协议时,由主管官厅裁决。第 613 条规定:(1)性质上结合为一体的物,因继承人中一人的异议,不得分离;(2)对家庭有特别纪念意义的物,因继承人中一人的异议,不得变卖;(3)就应否变卖某物或应否经计算后将该物分配某继承人,继承人间不能达成协议时,应由主管官厅根据地方习俗,无地方习俗时,在考虑了各继承人间的个人关系后决定。第 616 条规定:对各种农作物,在分割土地时,各州得规定不同的可分割的最低面积界限。第 620 条规定:(1)遗产中有独立存在和经营的农场,如继承人中一人表示承受该农场,并为合适人选时,得不分割该农场,而以收益价格归属于该继承人;(2)关于独立存在和经营的判断,应考虑组成的各部分不动产及长期共同经营的不动产;(3)归属价格的确定,依 1940 年 12 月 12 日联邦法律关于免除农户债务的规定办理。《意大利民法典》第 718 条规定,每个继承人都可以请求以遗产中的动产或者不动产的实物形态满足自己的遗产份额,以下条款的规定不在此限。第 719 条规定,在为清偿遗产债务或其他遗产负担,拥有半数以上遗产的继承人认为有必要出售遗产的情况下,应当首先拍卖动产,必要时,拍卖那些最少损害共同分割人利益的不动产。在需要全体共同继承人一致同意才能出售遗产的情况下,遗产的出售可以不公开进行而在共同分割人中变卖,受遗赠人或者债权人提出异议的情况除外。第 720 条规定,如果在遗产中有不适宜进行分割的不动产,或者对该不动产的分割将会损害国民经济利益或者破坏环境卫生,或者不将不动产拆散就无法进行分割,则应当整体保留不动产并且由取得不动产的继承人向其他共同继承人承担以现金返还超出自己应得份额遗产的责任。该不动产可以分配给对其享有最大份额的继承人,也可以在数名继承人共同提出请求的情况下,分配给提出请求的继承人。如果没有继承人提出请求,则对该不动产进行拍卖。第722条规定,如果遗产中包括法律根据国民生产利益的需要规定不得进行分割的财产,则在特别法未另行规定的情况下,准用本法第720条和第721条规定。第727条规定,除本法第720条和第722条规定的情况以外,在完成估价之后,应当按照继承人各自享有的遗产份额配置每一份分配份,它应当包括一定数量的性质、状况相同的动产、不动产和债权。在可能的情况下,应当尽量避免分割具有历史、科学以及艺术价值的图书室、画廊或者收藏品。第728条规定,在以实物配置的分配份不均等的情况下,差额部分以现金结清。我国台湾地区"民法"第1165条规定,被继承人之遗嘱,定有分割遗产之方法,或托他人代定者,从其所定。遗嘱禁止遗产之分割者,其禁止之效力以10年为限。我国澳门特别行政区民法典第1940条规定:(1)遗产之分割,得在全体利害关系人达成协议之情况下不透过司法途径为之,亦得按照诉讼法之规定透过司法上之财产清册程序为之;(2)如属法律规定之须限定接受之继承,或继承人中有人因失踪、长期不能处理事务或长期无能力以致不能在非以司法途径进行之分割中表示同意,则必须透过司法上财产清册程序进行分割;(3)强制性财产清册程序在导致其进行之原因消除时终止,但有利害关系人声请以非强制性质继续进行有关财产清册程序者除外。

(一)遗产分割的原则

本条规定,遗产分割应当有利于生产和生活需要,不损害遗产的效用。遗产可能是动产、不动产,也可能是有价证券、银行存款,还可能是投资性资产。对于不同的遗产,在分割时,需要根据遗产的具体情况进行分割。但不管分割什么遗产,都要遵循这一原则,即有利于生产和生活、物尽其用。

首先,遗产分割要有利于生产。这是针对生产资料型的遗产分割而言,对于此类遗产,在分割时,就应该按照有利于生产的原则进行。有利于生产可以从两个方面考虑:一方面,不能损害遗产本身的生产性用途,确保遗产分割后还能用于正常的生产经营。比如,农民甲死亡后,遗产包括耕地用的拖拉机一台。对于这台拖拉机,继承人在分割时,就需要根据其农业用途进行分割,而不宜将拖拉机拆解用于其他用途。另一方面,要考虑继承人的能力、职业等因素,确保遗产分割后能得到继承人的合理充分利用。比如,对于前面所说甲遗留的拖拉机,如果甲的继承人中仅有乙在农村从事农业生产,其他继承人均在城市居住从事非农业工作。在分割遗产时,即应尽量将该拖拉机分割给乙,这样乙就可以充分实现该遗产的使用价值。

其次,遗产分割要有利于生活。对于生活性用途的遗产,应该考虑如何分割更便利于继承人的生活。比如,对于被继承人日常使用的电视机、洗衣机等生活物品,应将这些遗产尽量分割给予被继承人共同生活的继承人,这样便于继承人继续使用这些遗产。总之,继承人之间应当相互体谅,从有利于生产、生活的角度考虑各种遗产的分割。

最后,遗产分割要物尽其用。所谓物尽其用就是要根据物本身的属性、特征来分割,确保实现遗产的使用价值、经济价值最大化,充分实现遗产的效用。比如,被继承人死亡时遗留有明代古董家具一套,如果予以拆分,价值将明显减少,此时就应由一个继承人继承这套家具更适宜,更能实现该遗产的经济价值。

(二)遗产分割的方法

本条还规定,不宜分割的遗产,可以采取折价、适当补偿或者共有等方法处理。有些遗产可以直接分割,就需要按照遗产分割的原则进行分割。但是毕竟有些遗产不适宜分割,或者分割后会损害其效用,导致价值贬损,就需要采取其他方式予以分割。

一般而言,遗产分割的方式包括四种。一是实物分割。实物分割就是对遗产进行物理上的分离,继承人按照各自份额分别占有不同部分。比如,被继承人遗留有贵重首饰若干,即可以采取实物分割的方法,由每个继承人各分得若干件首饰。二是变价分割。有的遗产不适合进行实物分割,进行实物分割可能导致该遗产失去价值,或者所有继承人都不想取得该遗产的实物,就可以变卖该遗产取得价款,由继承人按照各自的继承份额对价款进行分割。比如,被继承人甲死亡后留有大型运输卡车一辆,由于继承人均不会开运输卡车,也不愿意利用该卡车进行运输经营。此时,就可以将该卡车予以出售变现,各继承人再对取得的价款进行分割。三是补偿分割。对于不宜进行实物分割的遗产,如果其中有继承人愿意取得该遗产,就可以由该继承人取得遗产的所有权。再由取得遗产所有权的继承人根据其他继承人对该遗产的价值所应取得的比例,支付相应的价金,对其他继承人予以补偿。四是保留共有。有的遗产不宜进行实物分割,所有继承人都愿意取得该遗产,或者继承人基于某种生产或生活的目的,愿意继续维持遗产的共有状况,就可以由继承人对该遗产继续保留共有权。这时的共有属于按份共有,即根据各继承人应继承的份额共同享有所有权。保留共有的可能是对家庭具有特殊纪念意义的物品。比如,甲死亡后遗留有传家古董一件,该古董无法进行实物分割,其继承人均不愿意对该古董进行价值分割,各继承人都想继续让全家共有此古董,即可以达成共识,继续保持对该古董的共有状态。

第一千一百五十七条　夫妻一方死亡后另一方再婚的,有权处分所继承的财产,任何组织或者个人不得干涉。

【释义】　本条是关于配偶再婚时有权处分继承财产的规定。

在遗产分割之后,继承人所分得的遗产就属于个人财产,即便是保留共有遗产,共有人之间也是按份共有。因此,从理论上而言,不论被继承人生前与继承人是何种法律关系,在被继承人死亡后,被继承人的民事权利能力消灭,民事主体资格丧失,继承人与其的法律关系即告消灭。同样,在遗产分割之后,继承人之间对遗产的共有关系也发生变化,继承人通过遗产分割取得的遗产,作为个人所有的财产,继承人当然依法享有处分权。即便继承人再婚,也可以自由处分自己所继承的财产。因此,在继承编起草审议过程中,有的意见提出,本条没有必要规定,可以删除。考虑到我国的特殊国情,有的地方还存在落后习俗,“寡妇带产改嫁”仍受到一定的限制,保留本条规定还是有必要的。

本条规定,夫妻一方死亡后另一方再婚的,有权处分所继承的财产,任何组织或者个人不得干涉。首先,需要说明的是,夫妻任何一方死亡,另一方均有再婚的权利。原因在于,自然人死亡的,其民事主体资格消灭,其他人与其的身份关系也告终止。因此,夫妻关系随着一方的死亡也就消灭了,在世一方有权再婚,与其他人缔结新的婚姻关系。这种婚姻自主权是受到法律保护的。其次,在世的配偶一方无论是否再婚,都有权处分自己继承取得的财产。继承的遗产不管是动产,还是不动产,在法律上而言都是其个人所有的财产。根据法律的规定,所有人有权处分自己的财产。这里的处分,既可以是转移占有、抛弃,也可以是赠与、出售,甚至销毁。总之,当事人可以按照自己的意志自由处分。最后,其他组织或者个人都不得干涉。无论是再婚者的子女、公婆或者岳父母、兄弟姐妹,还是妯娌或者其他姻亲、血亲,以及其他家族人员等,都不得干涉。所谓干涉就是施加影响力,包括阻止、破坏、干扰。比如,被继承人甲死亡后,其妻子乙继承取得位于A村的房产一套。后乙与B村的丙再婚,因丙无房,故丙搬来A村与乙共同居住。甲的哥哥丁认为,乙所继承的房屋为其家族的祖屋,外人不得入住,遂欲阻止丙入住。丁的行为即违反了本条的规定,乙继承取得了房产后,有权与再婚配偶共同居住使用,丁的行为属于非法干涉乙对财产的处分权。

第一千一百五十八条　自然人可以与继承人以外的组织或者个人签订遗赠扶养协议。按照协议,该组织或者个人承担该自然人生养死葬的义务,享有受遗赠的权利。

【释义】 本条是关于遗赠扶养协议的规定。

遗赠扶养协议制度是具有中国特色的一种法律制度,其源于我国农村地区的“五保户”制度。“五保户”就是在农村地区无劳动能力、无生活来源又无法定赡养、扶养义务人，或者其法定赡养、扶养义务人无赡养、扶养能力的，由集体经济组织负责其供养及死后的丧葬。继承法制定时，将此项制度予以法律化，规定了遗赠扶养协议制度。随着我国社会保障制度的不断完善，国家逐步完善了农村的养老保险等相关制度。同时，为了促进农村社会保障制度的发展，国务院还专门制定了《农村五保供养工作条例》，从职责分工、供养对象、供养内容、供养形式等方面予以规范。遗赠扶养协议在特定历史时期曾发挥着实现老有所养的功能。在新时期，随着我国人口结构步入老龄化，人民群众的养老需求日益多样化，养老模式不断变化，养老产业不断发展。继承编适应我国养老形式多样化的需要，对继承法规定的遗赠扶养协议的规定进行了适当修改，扩大了供养人的范围，进一步完善了遗赠扶养协议制度。

（一）遗赠扶养协议的特征

遗赠扶养协议就是自然人（遗赠人、受扶养人）与继承人以外的组织或者个人（扶养人）签订的，由扶养人负责受扶养人的生养死葬，并享有受遗赠权利的协议。

首先，遗赠扶养协议是一种协议。协议是一种双方法律行为，因此，需要双方当事人意思表示达成一致方能成立。这是遗赠扶养协议与遗赠、遗嘱的本质区别。遗赠、遗嘱都是单方法律行为，遗赠人、遗嘱人单方作出意思表示即可。遗赠扶养协议作为双方法律行为，一旦成立生效，对双方当事人都有法律约束力，双方必须严格遵守，否则将构成违约。遗赠扶养协议的双方当事人一方是受扶养人，另一方是扶养人。其次，遗赠扶养协议是双务有偿法律行为。不仅扶养人有扶养另一方的义务,受扶养人也需要按照约定将自己的遗产赠与对方。遗赠扶养协议是有偿的,双方都需要向对方支付对价。扶养人支付对价的方式是负责受扶养人的生养死葬,受扶养人是通过死后将遗产赠与扶养人的方式支付对价。最后,遗赠扶养协议为要式法律行为。遗赠扶养协议需要以书面方式作出。因为双方达成遗赠扶养协议后,协议的履行期限往往较长,且扶养人在受扶养人死亡后才能取得遗产,如果没有书面协议,受扶养人死亡后,将死无对证,无法确认双方是否存在真实的遗赠扶养关系。

根据本条规定,自然人可以与继承人以外的组织或者个人签订遗赠扶养协议。需要注意的是,遗赠扶养协议的双方当事人比较特殊:一方为自然人,即受扶养人,受扶养的自然人不论基于何种原因,只要其本人欲通过此种方式养老,即可以采取,而无论其是否有法定的扶养义务人;另一方必须为继承人以外的组织或者个人。因此,法定继承人是不能与被继承人签订遗赠扶养协议的。在继承编起草过程中,有的意见提出,应当允许继承人与被继承人签订遗赠抚养协议。考虑到,赡养老人是中华民族的传统美德,如果允许一部分继承人与另一部分继承人及被继承人签订遗赠抚养协议,一部分继承人放弃继承而不承担赡养义务,另一部分继承人赡养被继承人而继承遗产,这有悖于法律规定的赡养义务,也不符合中华民族的传统美德。故本条规定,遗赠扶养协议必须是受扶养人与继承人之外的个人或者组织签订。继承法规定扶养人只能是个人或者集体经济组织。本条规定扶养人除了是继承人之外的个人外,将集体经济组织扩大到各种组织。这里的组织既可以是法人,也可以是非法人组织。当然,应当是具备承担养老职能的组织。

（二）遗赠扶养协议的主要内容

本条规定，遗赠扶养协议就是按照协议，作为扶养人的组织或者个人承担受扶养人生养死葬的义务，享有受遗赠的权利。根据合同法的一般原理，遗赠扶养协议应当包括以下主要内容：

一是协议双方当事人的基本信息。协议应当载明受扶养人的姓名、身份证号码、住址等基本信息，以及扶养人的个人的姓名、身份证号码、住址或者组织的名称、住所等基本信息。

二是扶养人的义务，也即受扶养人的权利。扶养的主要义务包括两个方面：一方面是"生养"。在受扶养人生存期间，扶养人需要承担对受扶养人生活上的照料和扶助义务，特别是在受扶养人生病时应当提供照护，在协议中应尽量写明照料的标准和水平。另一方面是"死葬"。在受扶养人死亡后，扶养人应当负责办理受扶养人的丧事，包括按照受扶养人的遗愿办理遗体火化、埋葬等事宜。这些扶养人的义务，同时也是受扶养人的权利。

三是受扶养人的义务，也即扶养人的权利。扶养人的权利主要就是根据协议取得受扶养人所赠与的遗产。因此，双方应当在协议中写明，受扶养人拟将哪些遗产赠与扶养人。同时，还应约定受扶养人在世期间不得擅自处分协议所涉及的财产。

四是协议的解除。双方可以在协议中约定，如果一方违反约定，另一方有权要求解除遗赠扶养协议，并要求对方承担相应的补偿责任。比如，约定如果扶养人拒绝履行扶养义务，受扶养人有权解除合同，且不必向扶养人支付费用；还可以约定如果受扶养人擅自处分协议所涉及的财产，扶养人可以解除协议，并要求受扶养人支付相应的扶养费用。

五是争议解决条款。双方可以在协议中约定一旦发生争议,可以通过哪些途径解决,是通过仲裁方式,还是通过调解或者诉讼方式。同时应尽量明确约定争议解决的具体机构。

(三)遗赠扶养协议的效力

遗赠扶养协议与一般的财产性合同有较大差别,不仅在合同内容上有很大不同,在法律效力上也是如此。首先,在一般合同中,如果合同缔约一方当事人死亡,合同就会因缺少主体而告终止。遗赠扶养协议则不同,在受扶养人死亡后,扶养人才开始根据协议获得受遗赠权,这种权利并不会因为协议对方死亡而消灭。其次,一般合同的效力都具有相对性,即合同通常仅对缔约的双方当事人具有法律约束力,对其他第三人没有法律效力。遗赠扶养协议则不同,其不仅对签订遗赠扶养协议的双方具有法律约束力,还对受扶养人的继承人、其他受遗赠人有约束力。受扶养人的继承人不得根据法定继承排斥扶养人的受遗赠权。受扶养人的遗嘱不能与遗赠扶养协议的内容相抵触,如果相抵触的,应当执行遗赠扶养协议的内容。因此,遗赠扶养协议的效力优先于遗嘱和法定继承。

第一千一百五十九条　分割遗产,应当清偿被继承人依法应当缴纳的税款和债务;但是,应当为缺乏劳动能力又没有生活来源的继承人保留必要的遗产。

【释义】 本条是关于分割遗产应当缴纳税款、保留必要遗产的规定。

遗产是被继承人遗留的合法财产,一般而言,被继承人在生前不仅会留有财产,有的被继承人还会留下债务或者其他义务。被继承人生前所负担的各种债务,理论上称为遗产债务。

遗产债务是被继承人个人所欠的债务。这种债务可能完全是被继承人个人的债务,也可能是共同债务中被继承人应当分担的那部分债务。遗产债务是被继承人生前所欠的,被继承人死亡后因处理善后事务而发生的各种费用不属于遗产债务。遗产债务需要用遗产来偿还。遗产管理人的职责之一就是清理并处理被继承人的债权债务。故本条首先规定,分割遗产,应当清偿被继承人依法应当缴纳的税款和债务。

(一)清偿应缴纳的税款

我国宪法第56条规定,中华人民共和国公民有依照法律纳税的义务。根据税收征收管理法第4条第3款的规定,纳税人必须依照法律、行政法规的规定缴纳税款。税收具有强制性,依法纳税是公民的宪法义务,这种义务是强制性的;税收还具有无偿性,个人缴纳税款时并不能直接获得对价,但可以享受政府提供的公共服务。如果被继承人生前有未缴纳的税款,所欠的税款可以视为其对国家所欠的债务。被继承人死亡后,就需要用其遗产来清偿所欠税款。税款,可能是被继承人生前未缴纳的个人所得税,也可能是其出售不动产应缴纳的印花税、增值税,等等。只要是被继承人个人生前未缴纳的税款,并不会因为其死亡而消失,仍需要以其遗留的个人财产来支付。

(二)清偿债务

债务就是被继承人生前对其他民事主体所负的私法上的各种债务。债务包括合同之债,也包括侵权之债,还包括不当得利或者无因管理之债;可能是主债务,也可能是因为提供保证、抵押、质押而形成的从债务;可能纯属个人债务,也可能是与他人形成的共同债务、连带债务。不论是哪种类型的债务,只要是被继承人生前所负,都需要以遗产清偿。

被继承人生前所欠税款和债务,应当是在分割遗产之前予以清偿。遗产管理人在清理被继承人的债权债务后,需要及时予以处理,该缴纳的税款应当缴纳,该清偿的债务必须及时清偿,在清理完债权债务之后,再按照遗嘱的内容处分剩余遗产,或赠与,或按照遗嘱继承,或按照法定继承分割遗产。如果在分割遗产之前不知道被继承人存在遗产债务的,在遗产分割之后,仍需要依法以遗产予以清偿。

(三)保留必要的遗产

本条中的但书规定,清偿所欠税款和债务,应当为缺乏劳动能力又没有生活来源的继承人保留必要的遗产。根据此规定,不论是以遗产缴纳所欠税款还是偿还所负债务,需要注意的是,必须为缺乏劳动能力又没有生活来源的继承人保留必要的遗产。保留必要遗产需要从以下两个方面理解:首先,需要保留的前提是,遗产可能不足以清偿债务和缴纳税款。如果遗产比较多,缴纳税款和偿还债务后仍绰绰有余,则没有必要专门予以保留。其次,需要保留的对象是,缺乏劳动能力又没有生活来源的继承人。作出保留必须同时满足以下几个条件:第一,获得保留遗产的人必须是继承人,继承人以外的人不能享有此权利。第二,继承人缺乏劳动能力。缺乏劳动能力就是因种种原因无法参与生产劳动而获得经济收入维持生计。缺乏劳动能力可能是因为年龄尚小而无劳动能力,也可能是因年龄太大或者因病残而丧失劳动能力。没有劳动能力必须是客观上造成的无法劳动,而不是继承人主观上不愿意就业。第三,继承人没有生活来源。没有生活来源就是继承人无法通过自身劳动获取收入养活自己,或者没有其他经济收入用以维持生计。如果继承人虽然没有劳动能力,但是其在银行有大量存款或者已经专门为其设立了生活基金，足以为其提供生活所需之费用，此时继承人就不能说其没有生活来源。之所以要为没有生活来源的继承人保留遗产份额，体现的就是一种人文关怀。第四，保留的是必要的遗产。就数量而言，为缺乏劳动能力又没有生活来源的继承人保留的是必要的遗产。必要的遗产就是维持其正常生活所需的遗产，而不是全部遗产或者要确保其过上超出一般人正常生活的奢侈生活所需的遗产。

保留必要遗产具有优先于税款和债务的效力，只要被继承人的遗产可能不足以清偿所欠税款和债务，就必须予以保留必要遗产。这也是我国很多立法所坚持的一贯立场。比如，民事诉讼法第 243 条第 1 款规定，被执行人未按执行通知履行法律文书确定的义务，人民法院有权扣留、提取被执行人应当履行义务部分的收入，但应当保留被执行人及其所扶养家属的生活必需费用。税收征收管理法第 40 条第 3 款规定，个人及其所扶养家属维持生活必需的住房和用品，不在强制执行措施的范围之内。第 42 条规定，税务机关采取税收保全措施和强制执行措施必须依照法定权限和法定程序，不得查封、扣押纳税人个人及其所扶养家属维持生活必需的住房和用品。

第一千一百六十条　无人继承又无人受遗赠的遗产，归国家所有，用于公益事业；死者生前是集体所有制组织成员的，归所在集体所有制组织所有。

【释义】 本条是关于无人继承遗产的规定。

（一）无人继承遗产

无人继承遗产就是没有继承人或者受遗赠人接收遗产。

被继承人的遗产无人接收,原因可能是多种多样的。第一,无人继承的遗产,可能客观上既没有继承人,也没有受遗赠人。没有法定继承人就是法律规定的第一顺序、第二顺序继承人都没有,被继承人也未留有遗嘱指定受遗赠人。第二,虽然被继承人有继承人或者通过遗嘱确定了受遗赠人,但是继承人全部放弃继承,受遗赠人也都放弃受遗赠。第三,被继承人死亡后,虽然有继承人,但继承人全部丧失继承权且未得以恢复。第四,被继承人死亡后,没有法定继承人或者法定继承人丧失继承权,仅在遗赠中处理了部分遗产,其余遗产也构成无人继承遗产。

无论基于何种原因,只要被继承人的遗产实际上无人受领,就会形成无人继承遗产,此种情况下,遗产不能任由他人先占取得。对此,各国、各地区立法都有所规定。如《日本民法典》第958条规定,前条第一项的期间届满后,继承人的存在仍不明时,家庭法院应因管理人或检察官的请求,将如有继承人时,应在一定期间内主张其权利之旨进行公告。但其期间,不得少于6个月。第958条之二规定,在前条期间内,没有主张继承人权利的人时,为继承人及为管理人所不知的继承债权人及受遗赠人,不得行使其权利。第958条之三规定:(1)于前条场合,如认为相当时,家庭法院得因与被继承人共同生活的人、努力于被继承人治疗和护理的人及其他与被继承人有特别关系的人的请求,对该人等分与清算后剩余继承财产的全部或一部。(2)前项的请求,应在第958条的期间届满后3个月内为之。第959条规定,依前条的规定,未被处分的继承财产,归属国库。于此场合,准用第956条第2项的规定。《瑞士民法典》第555条规定:(1)主管官厅如不确知被继承人是否有继承人或全部继承人是否均已知悉时，应以适当方式公告，以催告权利人在一年内提出继承的申请。(2)在前款规定的期限内，无人申请继承，且继承人仍不详时，遗产归属于有继承资格的国家机关。但遗产的回复之诉，不在此限。《德国民法典》第1936条规定："1.(1)如在继承开始时既无被继承人的直系血亲亲属又无被继承人的配偶存在，被继承人在死亡时所属的邦(州)的国库为法定继承人；(2)如被继承人属于数个邦(州)者，此类邦(州)的国库均享受此遗产的相等份额。2.被继承人是不属于任何邦(州)的德国人者，由帝国国库为法定继承人。"《法国民法典》第768条规定，如无继承人时，遗产归属于国家。《意大利民法典》第586条规定，在没有其他继承人的情况下，遗产归国家所有。遗产的取得依法进行，无需作出接受继承的声明，但是，也不得放弃继承。国家对超出遗产价值的遗产债务和遗赠不承担责任。《西班牙民法典》第956条规定，根据前列诸节规定仍无继承人的，则由国家继承。遗产的1/3分配给死者住所地所在的市政府、无论公私性质的慈善机构、慈善团体、社会活动或专业活动，1/3分配给死者所在省的省立与以上性质类似的机构或者团体，但优先分给死者生前参加过的组织机构，剩下1/3分配给公共债务清偿银行。部长理事会同意按遗产的性质将全部或者部分遗产用于其他用途的除外。我国台湾地区"民法"第1185条规定，第1178条所定之期限届满，无继承人承认继承时，其遗产于清偿债权并交付遗赠物后，如有剩余，归属国库。我国澳门特别行政区民法典第1993条规定，透过司法程序确认并不存在其他法定可继承遗产之人时，须按诉讼法之规定宣告遗产因无人继承而归澳门地区所有。

（二）无人继承遗产的归属

为了明确我国无人继承遗产的归属，本条规定，无人继承又无人受遗赠的遗产，归国家所有，用于公益事业；死者生前是集体所有制组织成员的，归所在集体所有制组织所有。根据此规定，在我国无人继承的遗产需要根据不同情况，分别处理：如果死者生前是集体所有制组织成员的，其遗产归集体所有制组织所有；如果死者生前为其他人员的，则其遗产归国家所有，应用于公益事业。

1. 归集体所有制组织所有

如果死者生前是集体所有制组织成员的，因其生前一般都会从集体所有制组织获得土地承包经营权、分红等经济利益，故将其遗产确定归集体所有制组织所有合情合理。且土地承包收益、宅基地上的房产等是具有特殊性质的财产，规定由集体所有制组织所有，也便于集体所有制组织根据本集体的具体情况作出妥善处理。

2. 归国家所有，用于公益事业

一般情况下，如果死者为城镇居民而非农村居民，其遗留的无人继承遗产归国家所有。归国家所有就是收归国库，由政府有关部门负责处理。但政府主管部门处理无人继承遗产时需要坚持一个原则，即将这些财产用于公益事业，这项要求是继承法中所没有的。在继承编起草过程中，考虑到无人继承遗产由国家无偿取得，为了充分发挥这部分财产的价值，更好地体现"取之于民，用之于民"的宗旨，故明确规定归国家所有的无人继承遗产必须用于公益事业。这里的公益事业可以是教育事业、医疗事业、慈善事业等。用于公益事业就不能用于非公益事业，比如用于行政办公经费支出。至于具体用于何种公益事业,则由政府主管部门具体分配。

第一千一百六十一条　继承人以所得遗产实际价值为限清偿被继承人依法应当缴纳的税款和债务。超过遗产实际价值部分,继承人自愿偿还的不在此限。

继承人放弃继承的,对被继承人依法应当缴纳的税款和债务可以不负清偿责任。

【释义】　本条是关于继承人对遗产债务的清偿责任的规定。

一般来说,应当在遗产分割前偿还遗产债务。但是,也可能因为遗产分割之后,债权人才知道被继承人死亡的事实,由于此时遗产已经分割,债权人无法再直接从遗产中实现债权,这时就涉及如何偿还遗产债务的问题:是由全体继承人共同偿还?还是由部分继承人偿还?继承人之间对遗产债务承担何种责任?

关于继承人对遗产债务所承担的责任问题,各国或者地区的立法模式有所不同。例如,《德国民法典》第1967条规定:(1)继承人对遗产债务负其责任;(2)除被继承人所负的债务以外,继承人作为继承人承担的债务,特别是由特留份权、遗赠和遗嘱负担所生的债务,均属于遗产债务。第2058条规定,各继承人对共同的遗产债务作为连带债务人负其责任。《法国民法典》第870条规定,共同继承人各按其分得遗产的比例,分担清偿遗产的债务和负担。《意大利民法典》第752条规定,共同继承人应当按照各自继承的遗产份额分担遗产债务和负担,遗嘱人另有规定的除外。《瑞士民法典》第603条第1款规定,继承人对被继承人的债务负连带责任。《日本民法典》第920条规定,继承人为单纯承认时,无限承继被继承人的权利义务。第922条规定,继承人,得保留只在因继承而取得的财产限度内清偿被继承人的债务及遗赠,而为承认。从各国或者地区立法而言,主要有两种立法模式:一是限定继承,即继承人仅以遗产为限对被继承人的债务承担责任。继承人可以在接受继承时专门作出意思表示。二是无限继承,即继承人无条件继承被继承人的一切权利义务,继承人对被继承人的债务承担无限责任。

(一)继承人对遗产债务的清偿责任

本条首先规定,继承人以所得遗产实际价值为限清偿被继承人依法应当缴纳的税款和债务;超过遗产实际价值部分,继承人自愿偿还的不在此限。根据本条规定,我国的继承原则上属于限定继承,继承人对被继承人的遗产债务不负无限清偿责任,而仅以所继承遗产的实际价值为限负清偿责任。也就是说,继承人继承多少遗产,其偿还遗产债务的限额也就是多少。继承人并不会因为继承遗产而需要无限清偿被继承人的遗产债务。

限定继承是基本原则,但本条作了例外规定,即对超过遗产实际价值部分的债务,继承人自愿偿还的不在此限。也就是说,继承人继承的遗产不足以清偿被继承人的遗产债务时,如果继承人自愿替被继承人偿还其他债务,法律尊重当事人的这种自主选择。但这种选择必须是继承人自愿、自主作出的,债权人不可以强制要求继承人偿还超出所获得遗产部分的被继承人生前所欠债务。

(二)继承人对遗产债务不负清偿责任的情形

本条还规定,继承人放弃继承的,对被继承人依法应当缴纳的税款和债务可以不负清偿责任。这里的放弃继承是指既放弃了遗嘱继承，也放弃了法定继承。因此，如果继承人放弃了继承，就无需对被继承人的债务承担偿还责任。原因在于，继承了遗产的继承人仅需对遗产债务承担有限清偿责任，如果继承人放弃了继承，并没有从被继承人的遗产中获得任何利益，此时要求其对债务人的债务承担清偿责任，相当于将他人的民事责任强加于继承人，这有违民法的意思自治原则，显然不合适。

如果一部分继承人参与遗产分割获得了遗产，另一部分继承人放弃了继承，在清偿被继承人的遗产债务时，则参与遗产分割的部分继承人负有清偿责任，需要以所得遗产的实际价值为限予以偿还，放弃了继承的继承人无需承担任何清偿责任。

第一千一百六十二条　执行遗赠不得妨碍清偿遗赠人依法应当缴纳的税款和债务。

【释义】 本条是关于遗赠与遗产税款、债务清偿的规定。

遗赠是遗赠人无偿赠与受遗赠人遗产的行为，虽然遗产属于遗赠人的个人财产，其有权处分，但这种无偿处分行为不应损害债权人的利益。根据本法第538条的规定，债务人以无偿转让财产等方式无偿处分财产权益，影响债权人的债权实现的，债权人可以请求人民法院撤销债务人的行为。债务人无偿处分财产的行为不应危及债权人的利益，如果法律允许债务人这么做，债务人将会借此逃债，不利于保护债权人的利益。本条也作了类似规定，要求执行遗赠不得妨碍清偿遗赠人依法应当缴纳的税款和债务。遗赠人的遗赠行为也不能损害债权人的利益。所谓执行遗赠不得妨碍清偿遗赠人依法应当缴纳的税款和债务，就是遗嘱执行人或者遗产管理人在执行遗赠时，不应使遗赠人的遗产债务无法得到偿还。在执行遗赠之前，应当先用遗产偿还遗赠人所欠税款和债务，清偿之后，如果遗产尚有剩余则再执行遗赠；同样，如果执行遗赠之后，债权人才知道遗赠人死亡、遗产被分割的事实，债权人有权要求受遗赠人将所得遗产用于偿还债务。

第一千一百六十三条　既有法定继承又有遗嘱继承、遗赠的，由法定继承人清偿被继承人依法应当缴纳的税款和债务；超过法定继承遗产实际价值部分，由遗嘱继承人和受遗赠人按比例以所得遗产清偿。

【释义】　本条是关于既有法定继承又有遗嘱继承、遗赠时税款和债务的清偿的规定。

本法第 1123 条规定了遗嘱继承、遗赠和法定继承之间的优先效力，遗嘱继承、遗赠优先于法定继承。在遗产债务未得到有效清偿，遗产却已经分割时，就涉及如何从已经分割的遗产中清偿债务的问题，即遗产债务如何在受遗赠人、遗嘱继承人、法定继承人之间分配清偿。本条针对的就是这种情形。本条规定，由法定继承人清偿被继承人依法应当缴纳的税款和债务；超过法定继承遗产实际价值部分，由遗嘱继承人和受遗赠人按比例以所得遗产清偿。根据此规定，遗产债务应先由法定继承人负责清偿，不足部分由遗嘱继承人、受遗赠人按比例清偿。

(一)法定继承人的清偿责任

本条首先规定,由法定继承人清偿被继承人依法应当缴纳的税款和债务。因此,如果遗产已经分割,清偿遗产债务需要先以法定继承人获得的遗产清偿。假如被继承人甲死亡后遗留有遗产100万元,负债60万元。其中甲在遗嘱中将其中的40万元指定由继承人乙继承,其余遗产未作安排。遗产分割时,继承人乙根据遗嘱继承获得了40万元;其余遗产按照法定继承分割,乙分得20万元,继承人丙和丁各分得20万元。遗产分割之后,甲的债权人戊发现遗产已经被分割,遂向甲的继承人主张债权。此时,即应先由乙、丙、丁从经法定继承所获得的60万元遗产予以清偿。

(二)遗嘱继承人和受遗赠人的清偿责任

本条还规定,超过法定继承遗产实际价值部分,由遗嘱继承人和受遗赠人按比例以所得遗产清偿。所谓超过法定继承遗产实际价值部分,就是法定继承人所获得遗产的实际价值不足以偿还被继承人的遗产债务。遗嘱继承人和受遗赠人按比例清偿,是指由遗嘱继承人和受遗赠人按照所获得遗产的实际价值的比例来清偿。如果只有多个遗嘱继承人时,则由各遗嘱继承人按比例清偿;如果只有多个受遗赠人时,则由各受遗赠人按比例清偿。例如,甲死亡后留有价值500万元的遗产,在遗嘱中指定由继承人乙继承价值50万元的遗产;将其中150万元赠与好友丙。其余遗产未作处理。遗产分割时,将遗产中的150万元给了丙,乙按照遗嘱继承获得了50万元,其余300万元由继承人乙、丁各分得150万元。后来发现甲尚有400万元的债务未偿还。此时,就需要先由乙、丁经法定继承取得的300万元偿还,其余100万元债务,则应由受遗赠人丙和遗嘱继承人乙按比例分担。因为乙按遗嘱继承了50万元,丙受遗赠了150万元,所以乙和丙需要按照1∶3的比例清偿剩余的100万元债务,即乙偿还其中的25万元,丙偿还其中的75万元。

附　　录

中华人民共和国民法典(节录)

（2020年5月28日第十三届全国人民代表大会第三次会议通过　2020年5月28日中华人民共和国主席令第四十五号公布　自2021年1月1日起施行）

目　　录

第六编　继　　承
　第一章　一般规定
　第二章　法定继承
　第三章　遗嘱继承和遗赠
　第四章　遗产的处理
附　　则

第六编　继　　承

第一章　一 般 规 定

第一千一百一十九条　本编调整因继承产生的民事关系。

第一千一百二十条　国家保护自然人的继承权。

第一千一百二十一条　继承从被继承人死亡时开始。

相互有继承关系的数人在同一事件中死亡，难以确定死亡时间的，推定没有其他继承人的人先死亡。都有其他继承人，辈份不同的，推定长辈先死亡；辈份相同的，推定同时死亡，相互不发生继承。

第一千一百二十二条　遗产是自然人死亡时遗留的个人合法财产。

依照法律规定或者根据其性质不得继承的遗产，不得继承。

第一千一百二十三条　继承开始后，按照法定继承办理；有遗嘱的，按照遗嘱继承或者遗赠办理；有遗赠扶养协议的，按照协议办理。

第一千一百二十四条　继承开始后，继承人放弃继承的，应当在遗产处理前，以书面形式作出放弃继承的表示；没有表示的，视为接受继承。

受遗赠人应当在知道受遗赠后六十日内，作出接受或者放弃受遗赠的表示；到期没有表示的，视为放弃受遗赠。

第一千一百二十五条　继承人有下列行为之一的，丧失继承权：

（一）故意杀害被继承人；

（二）为争夺遗产而杀害其他继承人；

（三）遗弃被继承人，或者虐待被继承人情节严重；

（四）伪造、篡改、隐匿或者销毁遗嘱，情节严重；

（五）以欺诈、胁迫手段迫使或者妨碍被继承人设立、变更或者撤回遗嘱，情节严重。

继承人有前款第三项至第五项行为，确有悔改表现，被继承人表示宽恕或者事后在遗嘱中将其列为继承人的，该继承人不丧失继承权。

受遗赠人有本条第一款规定行为的,丧失受遗赠权。

第二章　法定继承

第一千一百二十六条　继承权男女平等。

第一千一百二十七条　遗产按照下列顺序继承:

(一)第一顺序:配偶、子女、父母;

(二)第二顺序:兄弟姐妹、祖父母、外祖父母。

继承开始后,由第一顺序继承人继承,第二顺序继承人不继承;没有第一顺序继承人继承的,由第二顺序继承人继承。

本编所称子女,包括婚生子女、非婚生子女、养子女和有扶养关系的继子女。

本编所称父母,包括生父母、养父母和有扶养关系的继父母。

本编所称兄弟姐妹,包括同父母的兄弟姐妹、同父异母或者同母异父的兄弟姐妹、养兄弟姐妹、有扶养关系的继兄弟姐妹。

第一千一百二十八条　被继承人的子女先于被继承人死亡的,由被继承人的子女的直系晚辈血亲代位继承。

被继承人的兄弟姐妹先于被继承人死亡的,由被继承人的兄弟姐妹的子女代位继承。

代位继承人一般只能继承被代位继承人有权继承的遗产份额。

第一千一百二十九条　丧偶儿媳对公婆,丧偶女婿对岳父母,尽了主要赡养义务的,作为第一顺序继承人。

第一千一百三十条　同一顺序继承人继承遗产的份额,一般应当均等。

对生活有特殊困难又缺乏劳动能力的继承人，分配遗产时，应当予以照顾。

对被继承人尽了主要扶养义务或者与被继承人共同生活的继承人，分配遗产时，可以多分。

有扶养能力和有扶养条件的继承人，不尽扶养义务的，分配遗产时，应当不分或者少分。

继承人协商同意的，也可以不均等。

第一千一百三十一条　对继承人以外的依靠被继承人扶养的人，或者继承人以外的对被继承人扶养较多的人，可以分给适当的遗产。

第一千一百三十二条　继承人应当本着互谅互让、和睦团结的精神，协商处理继承问题。遗产分割的时间、办法和份额，由继承人协商确定；协商不成的，可以由人民调解委员会调解或者向人民法院提起诉讼。

第三章　遗嘱继承和遗赠

第一千一百三十三条　自然人可以依照本法规定立遗嘱处分个人财产，并可以指定遗嘱执行人。

自然人可以立遗嘱将个人财产指定由法定继承人中的一人或者数人继承。

自然人可以立遗嘱将个人财产赠与国家、集体或者法定继承人以外的组织、个人。

自然人可以依法设立遗嘱信托。

第一千一百三十四条　自书遗嘱由遗嘱人亲笔书写，签名，注明年、月、日。

第一千一百三十五条 代书遗嘱应当有两个以上见证人在场见证，由其中一人代书，并由遗嘱人、代书人和其他见证人签名，注明年、月、日。

第一千一百三十六条 打印遗嘱应当有两个以上见证人在场见证。遗嘱人和见证人应当在遗嘱每一页签名，注明年、月、日。

第一千一百三十七条 以录音录像形式立的遗嘱，应当有两个以上见证人在场见证。遗嘱人和见证人应当在录音录像中记录其姓名或者肖像，以及年、月、日。

第一千一百三十八条 遗嘱人在危急情况下，可以立口头遗嘱。口头遗嘱应当有两个以上见证人在场见证。危急情况消除后，遗嘱人能够以书面或者录音录像形式立遗嘱的，所立的口头遗嘱无效。

第一千一百三十九条 公证遗嘱由遗嘱人经公证机构办理。

第一千一百四十条 下列人员不能作为遗嘱见证人：

（一）无民事行为能力人、限制民事行为能力人以及其他不具有见证能力的人；

（二）继承人、受遗赠人；

（三）与继承人、受遗赠人有利害关系的人。

第一千一百四十一条 遗嘱应当为缺乏劳动能力又没有生活来源的继承人保留必要的遗产份额。

第一千一百四十二条 遗嘱人可以撤回、变更自己所立的遗嘱。

立遗嘱后，遗嘱人实施与遗嘱内容相反的民事法律行为的，视为对遗嘱相关内容的撤回。

立有数份遗嘱，内容相抵触的，以最后的遗嘱为准。

第一千一百四十三条　无民事行为能力人或者限制民事行为能力人所立的遗嘱无效。

遗嘱必须表示遗嘱人的真实意思，受欺诈、胁迫所立的遗嘱无效。

伪造的遗嘱无效。

遗嘱被篡改的，篡改的内容无效。

第一千一百四十四条　遗嘱继承或者遗赠附有义务的，继承人或者受遗赠人应当履行义务。没有正当理由不履行义务的，经利害关系人或者有关组织请求，人民法院可以取消其接受附义务部分遗产的权利。

第四章　遗产的处理

第一千一百四十五条　继承开始后，遗嘱执行人为遗产管理人；没有遗嘱执行人的，继承人应当及时推选遗产管理人；继承人未推选的，由继承人共同担任遗产管理人；没有继承人或者继承人均放弃继承的，由被继承人生前住所地的民政部门或者村民委员会担任遗产管理人。

第一千一百四十六条　对遗产管理人的确定有争议的，利害关系人可以向人民法院申请指定遗产管理人。

第一千一百四十七条　遗产管理人应当履行下列职责：

（一）清理遗产并制作遗产清单；

（二）向继承人报告遗产情况；

（三）采取必要措施防止遗产毁损、灭失；

（四）处理被继承人的债权债务；

（五）按照遗嘱或者依照法律规定分割遗产；

（六）实施与管理遗产有关的其他必要行为。

第一千一百四十八条 遗产管理人应当依法履行职责，因故意或者重大过失造成继承人、受遗赠人、债权人损害的，应当承担民事责任。

第一千一百四十九条 遗产管理人可以依照法律规定或者按照约定获得报酬。

第一千一百五十条 继承开始后，知道被继承人死亡的继承人应当及时通知其他继承人和遗嘱执行人。继承人中无人知道被继承人死亡或者知道被继承人死亡而不能通知的，由被继承人生前所在单位或者住所地的居民委员会、村民委员会负责通知。

第一千一百五十一条 存有遗产的人，应当妥善保管遗产，任何组织或者个人不得侵吞或者争抢。

第一千一百五十二条 继承开始后，继承人于遗产分割前死亡，并没有放弃继承的，该继承人应当继承的遗产转给其继承人，但是遗嘱另有安排的除外。

第一千一百五十三条 夫妻共同所有的财产，除有约定的外，遗产分割时，应当先将共同所有的财产的一半分出为配偶所有，其余的为被继承人的遗产。

遗产在家庭共有财产之中的，遗产分割时，应当先分出他人的财产。

第一千一百五十四条 有下列情形之一的，遗产中的有关部分按照法定继承办理：

（一）遗嘱继承人放弃继承或者受遗赠人放弃受遗赠；

（二）遗嘱继承人丧失继承权或者受遗赠人丧失受遗赠权；

（三）遗嘱继承人、受遗赠人先于遗嘱人死亡或者终止；

（四）遗嘱无效部分所涉及的遗产；

（五）遗嘱未处分的遗产。

第一千一百五十五条　遗产分割时，应当保留胎儿的继承份额。胎儿娩出时是死体的，保留的份额按照法定继承办理。

第一千一百五十六条　遗产分割应当有利于生产和生活需要，不损害遗产的效用。

不宜分割的遗产，可以采取折价、适当补偿或者共有等方法处理。

第一千一百五十七条　夫妻一方死亡后另一方再婚的，有权处分所继承的财产，任何组织或者个人不得干涉。

第一千一百五十八条　自然人可以与继承人以外的组织或者个人签订遗赠扶养协议。按照协议，该组织或者个人承担该自然人生养死葬的义务，享有受遗赠的权利。

第一千一百五十九条　分割遗产，应当清偿被继承人依法应当缴纳的税款和债务；但是，应当为缺乏劳动能力又没有生活来源的继承人保留必要的遗产。

第一千一百六十条　无人继承又无人受遗赠的遗产，归国家所有，用于公益事业；死者生前是集体所有制组织成员的，归所在集体所有制组织所有。

第一千一百六十一条　继承人以所得遗产实际价值为限清偿被继承人依法应当缴纳的税款和债务。超过遗产实际价值部分，继承人自愿偿还的不在此限。

继承人放弃继承的，对被继承人依法应当缴纳的税款和债务可以不负清偿责任。

第一千一百六十二条　执行遗赠不得妨碍清偿遗赠人依法应当缴纳的税款和债务。

第一千一百六十三条 既有法定继承又有遗嘱继承、遗赠的，由法定继承人清偿被继承人依法应当缴纳的税款和债务；超过法定继承遗产实际价值部分，由遗嘱继承人和受遗赠人按比例以所得遗产清偿。

附　　则

第一千二百五十九条 民法所称的“以上”、“以下”、“以内”、“届满”，包括本数；所称的“不满”、“超过”、“以外”，不包括本数。

第一千二百六十条 本法自2021年1月1日起施行。《中华人民共和国婚姻法》、《中华人民共和国继承法》、《中华人民共和国民法通则》、《中华人民共和国收养法》、《中华人民共和国担保法》、《中华人民共和国合同法》、《中华人民共和国物权法》、《中华人民共和国侵权责任法》、《中华人民共和国民法总则》同时废止。

关于《中华人民共和国民法典（草案）》的说明（节录）

——2020 年 5 月 22 日在第十三届全国人民代表大会第三次会议上

全国人民代表大会常务委员会副委员长　王　晨

各位代表：

我受全国人大常委会委托，作关于《中华人民共和国民法典（草案）》的说明。

一、编纂民法典的重大意义

编纂民法典是党的十八届四中全会确定的一项重大政治任务和立法任务，是以习近平同志为核心的党中央作出的重大法治建设部署。编纂民法典，就是通过对我国现行的民事法律制度规范进行系统整合、编订纂修，形成一部适应新时代中国特色社会主义发展要求，符合我国国情和实际，体例科学、结构严谨、规范合理、内容完整并协调一致的法典。这是一项系统的、重大的立法工程。

编纂一部真正属于中国人民的民法典，是新中国几代人的夙愿。党和国家曾于1954年、1962年、1979年和2001年先后四次启动民法制定工作。第一次和第二次，由于多种原因而未能取得实际成果。1979年第三次启动，由于刚刚进入改革开放新时期，制定一部完整民法典的条件尚不具备。因此，当时领导全国人大法制委员会立法工作的彭真、习仲勋等同志深入研究后，在八十年代初决定按照"成熟一个通过一个"的工作思路，确定先制定民事单行法律。现行的继承法、民法通则、担保法、合同法就是在这种工作思路下先后制定的。2001年，九届全国人大常委会组织起草《中华人民共和国民法（草案）》，并于2002年12月进行了一次审议。经讨论和研究，仍确定继续采取分别制定单行法的办法推进我国民事法律制度建设。2003年十届全国人大以来，又陆续制定了物权法、侵权责任法、涉外民事关系法律适用法等。总的看，经过多年来努力，我国民事立法是富有成效的，逐步形成了比较完备的民事法律规范体系，民事司法实践积累了丰富经验，民事法律服务取得显著进步，民法理论研究也达到较高水平，全社会民事法治观念普遍增强，为编纂民法典奠定了较好的制度基础、实践基础、理论基础和社会基础。随着我国社会主义现代化事业不断发展和全面依法治国深入推进，人民群众和社会各方面对编纂和出台民法典寄予很大的期盼。

党的十八大以来，以习近平同志为核心的党中央把全面依法治国摆在突出位置，推动党和国家事业发生历史性变革、取得历史性成就，中国特色社会主义已经进入新时代。在坚持和完善中国特色社会主义制度、推进国家治理体系和治理能力现代化的新征程中，编纂民法典具有重大而深远的意义。

（一）编纂民法典是坚持和完善中国特色社会主义制度的现实需要

回顾人类文明史，编纂法典是具有重要标志意义的法治建设工程，是一个国家、一个民族走向繁荣强盛的象征和标志。新中国成立 70 多年特别是改革开放 40 多年来，中国共产党团结带领中国人民不懈奋斗，成功开辟了中国特色社会主义道路，取得了举世瞩目的发展成就，中国特色社会主义制度展现出强大生命力和显著优越性。我国民事法律制度正是伴随着新时期改革开放和社会主义现代化建设的历史进程而形成并不断发展完善的，是中国特色社会主义法律制度的重要组成部分。在系统总结制度建设成果和实践经验的基础上，编纂一部具有中国特色、体现时代特点、反映人民意愿的民法典，不仅能充分彰显中国特色社会主义法律制度成果和制度自信，促进和保障中国特色社会主义事业不断发展，也能为人类法治文明的发展进步贡献中国智慧和中国方案。

（二）编纂民法典是推进全面依法治国、推进国家治理体系和治理能力现代化的重大举措

民法是中国特色社会主义法律体系的重要组成部分，是民事领域的基础性、综合性法律，它规范各类民事主体的各种人身关系和财产关系，涉及社会和经济生活的方方面面，被称为“社会生活的百科全书”。建立健全完备的法律规范体系，以良法保障善治，是全面依法治国的前提和基础。民法通过确立民事主体、民事权利、民事法律行为、民事责任等民事总则制度，确立物权、合同、人格权、婚姻家庭、继承、侵权责任等民事分则制度，来调整各类民事关系。民法与国家其他领域法律规范一起，支撑着国家制度和国家治理体系，是保证国家制度和国家

治理体系正常有效运行的基础性法律规范。编纂民法典，就是全面总结我国的民事立法和司法的实践经验，对现行民事单行法律进行系统编订纂修，将相关民事法律规范编纂成一部综合性法典，不断健全完善中国特色社会主义法律体系。这对于以法治方式推进国家治理体系和治理能力现代化，更好地发挥法治固根本、稳预期、利长远的保障作用，具有重要意义。

（三）编纂民法典是坚持和完善社会主义基本经济制度、推动经济高质量发展的客观要求

公有制为主体、多种所有制经济共同发展，按劳分配为主体、多种分配方式并存，社会主义市场经济体制等社会主义基本经济制度，是以法治为基础、在法治轨道上运行、受法治规则调整的经济制度，社会主义市场经济本质上是法治经济。我国民事主体制度中的法人制度，规范民事活动的民事法律行为制度、代理制度，调整各类财产关系的物权制度，调整各类交易关系的合同制度，保护和救济民事权益的侵权责任制度，都是坚持和完善社会主义基本经济制度不可或缺的法律制度规范和行为规则。同时，我国民事法律制度建设一直秉持“民商合一”的传统，把许多商事法律规范纳入民法之中。编纂民法典，进一步完善我国民商事领域基本法律制度和行为规则，为各类民商事活动提供基本遵循，有利于充分调动民事主体的积极性和创造性、维护交易安全、维护市场秩序，有利于营造各种所有制主体依法平等使用资源要素、公开公平公正参与竞争、同等受到法律保护的市场环境，推动经济高质量发展。

（四）编纂民法典是增进人民福祉、维护最广大人民根本利益的必然要求

中国特色社会主义法治建设的根本目的是保障人民权益。

改革开放以来，我国民事法律制度逐步得到完善和发展，公民的民事权利也得到越来越充分的保护。中国特色社会主义进入新时代，随着我国社会主要矛盾的变化，随着经济发展和国民财富的不断积累，随着信息化和大数据时代的到来，人民群众在民主、法治、公平、正义、安全、环境等方面的要求日益增长，希望对权利的保护更加充分、更加有效。党的十九大明确提出，要保护人民人身权、财产权、人格权。而现行民事立法中的有些规范已经滞后，难以适应人民日益增长的美好生活需要。编纂民法典，健全和充实民事权利种类，形成更加完备的民事权利体系，完善权利保护和救济规则，形成规范有效的权利保护机制，对于更好地维护人民权益，不断增加人民群众获得感、幸福感和安全感，促进人的全面发展，具有十分重要的意义。

二、编纂民法典的总体要求和基本原则

民法典是新中国第一部以法典命名的法律，开创了我国法典编纂立法的先河，具有里程碑意义。以习近平同志为核心的党中央高度重视民法典编纂工作，将编纂民法典列入党中央重要工作议程，并对编纂民法典工作任务作出总体部署、提出明确要求。十二届、十三届全国人大常委会都高度重视这一立法工作，将编纂民法典纳入全国人大常委会立法规划和年度立法工作计划，确定为全国人大常委会的立法工作重点项目，积极持续推进。为做好民法典编纂工作，全国人大常委会党组先后多次向党中央请示和报告，就民法典编纂工作的总体考虑、工作步骤、体例结构等重大问题进行汇报。2016 年 6 月、2018 年 8 月、2019 年 12 月，习近平总书记三次主持中央政治局常委会会议，听取并原则同意全国人大常委会党组就民法典编纂工作所作的请示汇报，对民法典编纂工作作出重要指示，为民法典编纂工作提供了重要指导和基本遵循。

编纂民法典的指导思想是：高举中国特色社会主义伟大旗帜，以马克思列宁主义、毛泽东思想、邓小平理论、“三个代表”重要思想、科学发展观、习近平新时代中国特色社会主义思想为指导，增强“四个意识”，坚定“四个自信”，做到“两个维护”，全面贯彻党的十八大、十九大和有关中央全会精神，坚持党的领导、人民当家作主、依法治国有机统一，紧紧围绕统筹推进“五位一体”总体布局和协调推进“四个全面”战略布局，紧紧围绕建设中国特色社会主义法治体系、建设社会主义法治国家，总结实践经验，适应时代要求，对我国现行的、制定于不同时期的民法通则、物权法、合同法、担保法、婚姻法、收养法、继承法、侵权责任法和人格权方面的民事法律规范进行全面系统的编订纂修，形成一部具有中国特色、体现时代特点、反映人民意愿的民法典，为新时代坚持和完善中国特色社会主义制度、实现“两个一百年”奋斗目标、实现中华民族伟大复兴中国梦提供完备的民事法治保障。

贯彻上述指导思想，切实做好民法典编纂工作，必须遵循和体现以下基本原则：一是坚持正确政治方向，全面贯彻习近平总书记全面依法治国新理念新思想新战略，坚决贯彻党中央的决策部署，坚持服务党和国家工作大局，充分发挥民法典在坚持和完善中国特色社会主义制度、推进国家治理体系和治理能力现代化中的重要作用。二是坚持以人民为中心，以保护民事权利为出发点和落脚点，切实回应人民的法治需求，更好地满足人民日益增长的美好生活需要，充分实现好、维护好、发展好最广大人民的根本利益，使民法典成为新时代保护人民民事权利的好法典。三是坚持立足国情和实际,全面总结我国改革开放 40 多年来民事立法和实践经验,以法典化方式巩固、确认和发展民事法治建设成果,以实践需求指引立法方向,提高民事法律制度的针对性、有效性、适应性,发挥法治的引领、规范、保障作用。四是坚持依法治国与以德治国相结合,注重将社会主义核心价值观融入民事法律规范,大力弘扬传统美德和社会公德,强化规则意识,倡导契约精神,维护公序良俗。五是坚持科学立法、民主立法、依法立法,不断增强民事法律规范的系统性、完整性,既保持民事法律制度的连续性、稳定性,又保持适度的前瞻性、开放性,同时处理好、衔接好法典化民事法律制度下各类规范之间的关系。

三、民法典编纂工作情况

根据党中央的工作部署,编纂民法典的起草工作由全国人大常委会法制工作委员会牵头,最高人民法院、最高人民检察院、司法部、中国社会科学院、中国法学会为参加单位。为做好民法典编纂工作,全国人大常委会法制工作委员会与五家参加单位成立了民法典编纂工作协调小组,并成立了民法典编纂工作专班。

编纂民法典不是制定全新的民事法律,也不是简单的法律汇编,而是对现行的民事法律规范进行编订纂修,对已经不适应现实情况的规定进行修改完善,对经济社会生活中出现的新情况、新问题作出有针对性的新规定。编纂民法典采取“两步走”的工作思路进行:第一步,制定民法总则,作为民法典的总则编;第二步,编纂民法典各分编,经全国人大常委会审议和修改完善后,再与民法总则合并为一部完整的民法典草案。

2015 年 3 月,全国人大常委会法制工作委员会启动民法典编纂工作，着手第一步的民法总则制定工作，以1986年制定的民法通则为基础，系统梳理总结有关民事法律的实践经验，提炼民事法律制度中具有普遍适用性和引领性的规则，形成民法总则草案，2016年由十二届全国人大常委会进行了三次审议，2017年3月由第十二届全国人民代表大会第五次会议审议通过。制定民法总则，完成了民法典编纂工作的第一步，为民法典编纂奠定了坚实基础。

民法总则通过后，十二届、十三届全国人大常委会接续努力、抓紧开展作为民法典编纂第二步的各分编编纂工作。法制工作委员会与民法典编纂工作各参加单位全力推进民法典各分编编纂工作，系统梳理、研究历年来有关方面提出的意见，开展立法调研，广泛听取意见建议，以现行物权法、合同法、担保法、婚姻法、收养法、继承法、侵权责任法等为基础，结合我国经济社会发展对民事法律提出的新需求，形成了包括物权、合同、人格权、婚姻家庭、继承、侵权责任等6个分编在内的民法典各分编草案，提请2018年8月召开的第十三届全国人大常委会第五次会议审议。其后，2018年12月、2019年4月、6月、8月、10月，第十三届全国人大常委会第七次、第十次、第十一次、第十二次、第十四次会议对民法典各分编草案进行了拆分审议，对全部6个分编草案进行了二审，对各方面比较关注的人格权、婚姻家庭、侵权责任3个分编草案进行了三审。在此基础上，将民法总则与经过常委会审议和修改完善的民法典各分编草案合并，形成《中华人民共和国民法典（草案）》，提请2019年12月召开的第十三届全国人大常委会第十五次会议审议。经审议，全国人大常委会作出决定，将民法典草案提请本次大会审议。

民法典草案经全国人大常委会审议后，全国人大常委会办公厅将草案印发十三届全国人大代表、部署组织全国人大代表研读讨论民法典草案工作，征求代表意见。同时，法制工作委员会还将草案印发地方人大、基层立法联系点、中央有关部门征求意见，并在中国人大网公布征求社会公众意见。法制工作委员会还在北京召开多个座谈会，听取有关部门、专家的意见。各方面普遍认为，编纂民法典，对于完善中国特色社会主义法律体系，以法治方式推进国家治理体系和治理能力现代化，切实维护最广大人民的根本利益，促进社会公平正义具有重要意义。

新冠肺炎疫情发生以来，全国人大常委会高度关注，栗战书委员长多次就贯彻落实习近平总书记对疫情防控工作的重要讲话精神和党中央决策部署，为疫情防控工作提供法治保障提出明确的工作要求。我们认真学习贯彻习近平总书记重要讲话精神和党中央决策部署，结合民法典编纂工作，对与疫情相关的民事法律制度进行梳理研究，对草案作了有针对性的修改完善。

2020 年 4 月 20 日、21 日，全国人大宪法和法律委员会召开会议，根据全国人大常委会的审议意见、代表研读讨论中提出的意见和各方面的意见，对民法典草案作了进一步修改完善；认为经过全国人大常委会多次审议和广泛征求意见，草案充分吸收各方面的意见建议，已经比较成熟，形成了提请本次会议审议的《中华人民共和国民法典（草案）》。

为进一步做好会议审议民法典草案的准备工作，更充分听取全国人大代表的意见，4 月 29 日，法制工作委员会将修改后的民法典草案再次发送给各省、自治区、直辖市人大常委会，请各地方以适当方式组织有关全国人大代表研读讨论，听取意见。

四、民法典草案的主要内容

《中华人民共和国民法典(草案)》共7编、1260条,各编依次为总则、物权、合同、人格权、婚姻家庭、继承、侵权责任,以及附则。

……

(六)继承编

继承制度是关于自然人死亡后财富传承的基本制度。1985年第六届全国人民代表大会第三次会议通过了继承法。随着人民群众生活水平的不断提高,个人和家庭拥有的财产日益增多,因继承引发的纠纷也越来越多。根据我国社会家庭结构、继承观念等方面的发展变化,草案第六编“继承”在现行继承法的基础上,修改完善了继承制度,以满足人民群众处理遗产的现实需要。第六编共4章、45条,主要内容有:

1. 关于一般规定。第六编第一章规定了继承制度的基本规则,重申了国家保护自然人的继承权,规定了继承的基本制度。并在现行继承法的基础上,作了进一步完善:一是增加规定相互有继承关系的数人在同一事件中死亡,且难以确定死亡时间的继承规则(草案第一千一百二十一条第二款)。二是增加规定对继承人的宽恕制度,对继承权法定丧失制度予以完善(草案第一千一百二十五条第二款)。

2. 关于法定继承。法定继承是在被继承人没有对其遗产的处理立有遗嘱的情况下,继承人的范围、继承顺序等均按照法律规定确定的继承方式。第六编第二章规定了法定继承制度,明确了继承权男女平等原则,规定了法定继承人的顺序和范围,以及遗产分配的基本制度。同时,在现行继承法的基础上,完善代位继承制度,增加规定被继承人的兄弟姐妹先于被继承人死亡的,由被继承人的兄弟姐妹的子女代位继承(草案第一千一百二十八条第二款)。

3. 关于遗嘱继承和遗赠。遗嘱继承是根据被继承人生前所立遗嘱处理遗产的继承方式。第六编第三章规定了遗嘱继承和遗赠制度,并在现行继承法的基础上,进一步修改完善了遗嘱继承制度:一是增加了打印、录像等新的遗嘱形式(草案第一千一百三十六条、第一千一百三十七条)。二是修改了遗嘱效力规则,删除了现行继承法关于公证遗嘱效力优先的规定,切实尊重遗嘱人的真实意愿。

4. 关于遗产的处理。第六编第四章规定了遗产处理的程序和规则,并在现行继承法的基础上,进一步完善了有关遗产处理的制度:一是增加遗产管理人制度。为确保遗产得到妥善管理、顺利分割,更好地维护继承人、债权人利益,草案增加规定了遗产管理人制度,明确了遗产管理人的产生方式、职责和权利等内容(草案第一千一百四十五条至第一千一百四十九条)。二是完善遗赠扶养协议制度,适当扩大扶养人的范围,明确继承人以外的组织或者个人均可以成为扶养人,以满足养老形式多样化需求(草案第一千一百五十八条)。三是完善无人继承遗产的归属制度,明确归国家所有的无人继承遗产应当用于公益事业(草案第一千一百六十条)。

……

(八)附则

草案最后部分"附则"明确了民法典与婚姻法、继承法、民法通则、收养法、担保法、合同法、物权法、侵权责任法、民法总则的关系。民法典施行后,上述民事单行法律将被替代。因此,草案规定在民法典施行之时,同步废止上述民事单行法律

(草案第一千二百六十条)。需要说明的是,2014 年第十二届全国人大常委会第十一次会议通过的《全国人民代表大会常务委员会关于〈中华人民共和国民法通则〉第九十九条第一款、〈中华人民共和国婚姻法〉第二十二条的解释》,作为与民法通则、婚姻法相关的法律解释,也同步废止。

《中华人民共和国民法典(草案)》和以上说明,请审议。